Korte Verhalen in het Bulgaars

Korte verhalen in Bulgaars voor beginners en gevorderden

Georgi Petrov

greenthumbpublishing@gmail.com

Inhoud

Inleiding

Lezen in een vreemde taal is een van de meest effectieve manieren om uw taalvaardigheid te verbeteren en uw woordenschat uit te breiden. Toch kan het soms moeilijk zijn om boeiend leesmateriaal op een geschikt niveau te vinden dat een gevoel van prestatie en vooruitgang geeft. De meeste boeken en artikelen die voor moedertaalsprekers zijn geschreven, kunnen te lang zijn en moeilijk te begrijpen, of kunnen een woordenschat op zeer hoog niveau hebben, zodat u zich overweldigd voelt en het opgeeft. Als deze problemen bekend klinken, dan is dit boek iets voor jou!

Korte Verhalen in het Bulgaars is een verzameling van 25 onconventionele en onderhoudende korte verhalen die zijn ontworpen om beginnende tot gemiddeld niveau Bulgaars lerenden te helpen hun taalvaardigheden te verbeteren.

Deze korte verhalen creëren een ondersteunende leesomgeving door het opnemen van:

- Rijke taalkundige inhoud in verschillende genres om u te vermaken en u bloot te stellen aan een verscheidenheid van woordvormen.
- Kortere verhalen in hoofdstukken om u de voldoening te geven verhalen af te maken en snel vooruitgang te boeken.
- Teksten die op uw niveau geschreven zijn, zodat ze gemakkelijker te begrijpen zijn en niet overweldigend.
- Nederlandse vertaling op wisselende pagina's, zodat u er regel voor regel direct naar kunt verwijzen terwijl u het Bulgaars verhaal leest.
- De belangrijkste woordenschat staat vetgedrukt in

het hele verhaal en de vertaling, zodat u onbekende woorden gemakkelijker kunt begrijpen.

- Begrijpelijke vragen om uw begrip van belangrijke gebeurtenissen te testen en om u aan te moedigen meer in detail te lezen.

Dus of u nu uw woordenschat wilt uitbreiden, uw begrip wilt verbeteren of gewoon voor uw plezier wilt lezen, dit boek is de grootste stap voorwaarts die u dit jaar in uw studie zult maken. Korte Verhalen in het Bulgaars geeft u alle steun die u nodig hebt, dus leun achterover, ontspan, en laat uw fantasie de vrije loop terwijl u wordt meegevoerd naar een magische wereld van avontuur, mysterie en intrige - in het Bulgaars!

Hoe dit boek te gebruiken

Lezen is een moeilijk talent om onder de knie te krijgen. We gebruiken een reeks microvaardigheden om ons te helpen lezen in onze moedertaal. We kunnen bijvoorbeeld een passage doornemen om een globaal idee te krijgen van waar het over gaat. Of we kammen een groot aantal bladzijden van een treindienstregeling door op zoek naar een specifieke tijd of plaats. Terwijl deze microvaardigheden een tweede natuur zijn bij het lezen in onze moedertaal, blijkt uit onderzoek dat we de meeste ervan vaak vergeten bij het lezen in een vreemde taal. Wanneer we een vreemde taal leren, beginnen we gewoonlijk bij het begin van een tekst en werken we ons een weg door de tekst, waarbij we elk woord proberen te begrijpen. Onvermijdelijk komen we onbekende of ingewikkelde termen tegen en raken we geïrriteerd door ons onvermogen om ze te begrijpen.

Een van de grootste voordelen van het lezen in een vreemde taal is dat je wordt blootgesteld aan een groot aantal zinnen en uitdrukkingen die in alledaagse situaties worden gebruikt. Extensief lezen is een term die wordt gebruikt om het lezen voor plezier aan te duiden om een taal te leren. Het is niet zoals het lezen van een tekstboek, wanneer gesprekken of teksten zijn ontworpen om langzaam en zorgvuldig te worden gelezen met het doel om elk woord te begrijpen. "Intensief lezen" verwijst naar lezen dat wordt gedaan om specifieke leerdoelen te bereiken of taken te voltooien. Anders gezegd, intensief lezen in tekstboeken helpt meestal bij het leren van grammaticaregels en bepaalde woordenschat, maar extensief lezen van verhalen helpt bij het leren van natuurlijke taal.

Korte Verhalen in het Bulgaars biedt u de mogelijkheid om meer te leren over natuurlijk Bulgaars taalgebruik, ook al bent u uw taalleertocht misschien begonnen met uitsluitend tekstboeken. Hier zijn een paar tips om in gedachten te houden als u de verhalen in dit boek leest om er het meeste uit te halen: Als het op lezen aankomt, zijn plezier en een gevoel van vervulling van cruciaal belang. Je blijft terugkomen voor meer omdat je geniet van wat je aan het lezen bent. Elk verhaal van begin tot eind lezen is de beste methode om plezier te beleven aan het lezen van verhalen en je volbracht te voelen. Het belangrijkste is dan ook om het einde van een verhaal te halen. Dat is eigenlijk nog belangrijker dan elk woord te kennen.

Hoe meer je leest, hoe meer kennis je zult opdoen. U zult snel een kennis hebben van hoe Bulgaars werkt als u grotere boeken leest voor uw plezier. Bedenk echter wel dat u, om ten volle van de voordelen van extensief lezen te kunnen profiteren, eerst een voldoende omvangrijk boek moet lezen. Door hier en daar een paar bladzijden te lezen leert u misschien een paar nieuwe woorden, maar het zal geen significant verschil maken in uw algehele niveau van Bulgaars.

Accepteer dat je niet alles zult begrijpen van wat je in een roman leest. Dit is, zonder twijfel, het meest cruciale punt! Onthoud altijd dat het volkomen aanvaardbaar is dat u niet alle woorden of zinnen begrijpt. Het betekent niet dat je taalvaardigheden ontoereikend zijn of dat je slecht presteert. Het geeft aan dat u actief betrokken bent bij het leerproces.

Leesgids

Om het meeste uit het lezen van Korte Verhalen in
het Bulgaars te halen, kunt u het beste dit eenvoudige
leesproces in zes stappen volgen voor elk hoofdstuk van
de verhalen:

1. Lees de titel van het hoofdstuk. Denk na over waar
het verhaal over zou kunnen gaan. Lees dan het verhaal
helemaal door. Uw doel is gewoon het einde van het
verhaal te bereiken. Stop daarom niet om woorden op
te zoeken en maak u geen zorgen als er dingen zijn die u
niet begrijpt. Probeer gewoon de plot te volgen.

2. Wanneer u het einde van het verhaal hebt bereikt,
scant u de Nederlandse vertaling om te zien of u hebt
begrepen wat er is gebeurd en pikt u alle context op die
u misschien hebt gemist.

3. Ga terug en lees hetzelfde verhaal opnieuw. Als u
wilt, kunt u zich meer op de details van het verhaal
concentreren, maar anders leest u het gewoon nog een
keer door.

4. Werk vervolgens door de begripsvragen in Bulgaars
om te controleren of u de belangrijkste gebeurtenissen
in het verhaal begrijpt. Als u de vragen niet helemaal
begrijpt, hoeft u zich geen zorgen te maken. Gebruik uw
kennis om zo goed mogelijk te antwoorden.

5. Op dit punt moet u de belangrijkste gebeurtenissen
van het hoofdstuk enigszins begrijpen. Als dat niet het
geval is, kunt u het hoofdstuk een paar keer herlezen,
waarbij u de vertaling gebruikt om onbekende woorden
en zinnen te controleren, totdat u zich zeker voelt.

Zodra u klaar bent en zeker weet dat u begrijpt wat er is gebeurd - of dat nu na één lezing van het verhaal is of na meerdere - gaat u verder met het volgende verhaal en geniet u verder van het verhaal in uw eigen tempo, net zoals u van elk ander boek zou genieten.

Pas als u een verhaal in zijn geheel hebt uitgelezen, moet u overwegen terug te gaan en de verhaaltaal desgewenst verder uit te diepen. Of in plaats van u zorgen te maken of u alles begrijpt, de tijd te nemen om u te concentreren op alles wat u hebt begrepen en uzelf te feliciteren met alles wat u hebt gedaan.

Korte
Verhalen
in het Bulgaars
Georgi Petrov

София

София е красив град в България. Тя е столицата и най-големият град в България. Населението на София е около 1,4 милиона души. Името на града идва от гръцката дума за **мъдрост,** което е подходящо, защото в него се намират много университети и колежи. София е основана от римския император Константин I през 324 г. Той избира това място, защото е разположено в центъра между Европа и Азия, което го прави **идеално** място за търговия и занаятчийство. В продължение на векове София процъфтява като ключова спирка по търговския път на коприната, свързващ Китай с Европа. Днес София продължава да бъде важен икономически център в Източна Европа с процъфтяващ бизнес район, пълен с банки, офис кули и луксозни хотели. Въпреки **модерността** си, София запазва очарованието на стария свят.

Центърът на града е изпълнен с **красиви** православни църкви и средновековни руини. Една от най-популярните туристически атракции е катедралата "Александър Невски", построена в чест на руските войници, загинали по време на Руско-турската война. Други забележителни обекти са джамията Баня Баши, една от двете

Sofia

Sofia is een prachtige stad in Bulgarije. Het is de hoofdstad en tevens de grootste stad van Bulgarije. De bevolking van Sofia bedraagt ongeveer 1,4 miljoen mensen. De naam van de stad komt van het Griekse woord voor **wijsheid**, wat toepasselijk is omdat er veel universiteiten en hogescholen gevestigd zijn. Sofia werd gesticht door de Romeinse keizer Constantijn I in 324 na Christus. Hij koos deze plaats omdat ze centraal gelegen was tussen Europa en Azië, waardoor ze een **ideale** plaats was voor handel en nijverheid. Eeuwenlang floreerde Sofia als een belangrijke halte op de zijderoute die China met Europa verbond. Vandaag de dag is Sofia nog steeds een belangrijk economisch centrum in Oost-Europa met een bloeiend zakendistrict vol banken, kantoortorens en luxe hotels. Ondanks haar **moderniteit behoudt** Sofia een ouderwetse charme.

Het centrum van de stad staat vol met **prachtige** orthodoxe kerken en middeleeuwse ruïnes. Een van de populairste toeristische attracties is de Alexander Nevski-kathedraal, die werd gebouwd ter ere van de Russische soldaten die tijdens de Russisch-Turkse oorlog zijn gesneuveld. Andere opmerkelijke bezienswaardigheden zijn de Banya Bashi-moskee, een van de slechts twee overgebleven Ottomaanse

останали османски джамии в България, и църквата "Света Неделя", **богато украсена** българска православна църква от XIX век. В София се намират и много музеи и художествени галерии, представящи както местно, така и международно изкуство. В Националната художествена галерия са изложени картини на известни български художници, а в Природонаучния музей има експозиции на **динозаври** и други животни от цял свят. За нещо наистина уникално, посетете Музея на социалистическото изкуство, в който са изложени пропагандни плакати и други артефакти от **комунистическата** епоха в България.

Посещението в София не би било пълно, ако не опитате традиционна българска храна. Шопската салата е задължително ястие, приготвено от **домати,** краставици, лук, чушки, сирене фета и дресинг от зехтин. Друг популярен вариант е баницата - люспест сладкиш, пълнен със спанак или сирене, който може да се сервира за закуска или като гарнитура по време на обяд или вечеря. Баница може да се намери в повечето **пекарни в** София, но за нещо наистина специално я опитайте в ресторант Saray, където се приготвя ежедневно прясна по автентична **рецепта, предавана от** поколения.

moskeeën in Bulgarije, en de St. Nedelya-kerk, een **sierlijke** 19e-eeuwse Bulgaars-orthodoxe kerk. Sofia heeft ook veel musea en kunstgaleries waar zowel lokale als internationale kunst wordt tentoongesteld. In de National Art Gallery hangen schilderijen van beroemde Bulgaarse kunstenaars, terwijl het Museum of Natural History tentoonstellingen over **dinosaurussen** en andere dieren van over de hele wereld heeft. Voor iets echt unieks ga je naar het Museum voor Socialistische Kunst, waar propagandaposters en andere kunstvoorwerpen uit het **communistische** tijdperk van Bulgarije worden tentoongesteld.

Een bezoek aan Sofia zou niet compleet zijn zonder de traditionele Bulgaarse keuken te proeven. Shopska salade is een gerecht dat je niet mag missen, gemaakt van **tomaten**, komkommers, uien, paprika's, feta kaas en olijfolie dressing. Een andere populaire optie is banitsa - een bladerdeeg gevuld met spinazie of kaas dat kan worden geserveerd als ontbijt of als bijgerecht bij de lunch of het diner. Banitsa is te vinden in de meeste **bakkerijen** in Sofia, maar voor iets echt speciaals moet u in het Saray Restaurant zijn, waar het dagelijks vers wordt gemaakt volgens een authentiek **recept** dat al generaties lang wordt doorgegeven.

Въпроси за разбиране

1. Как се казва градът в България?

2. Какво означава името на града?

3. Кой е основал града?

4. Защо е избрано мястото за построяване на града?

5. С какво е била известна София преди векове?

6. С какво е известна София днес?

7. Какви сгради се намират в бизнес района?

8. Коя е една от най-популярните туристически атракции?

9. Каква храна трябва да опитате, когато посетите София?

10. Коя е националната алкохолна напитка в България?

Begrip vragen

1. Wat is de naam van de stad in Bulgarije?

2. Wat betekent de naam van de stad?

3. Wie heeft de stad gesticht?

4. Waarom werd deze plaats gekozen om de stad te bouwen?

5. Waar was Sofia eeuwen geleden bekend om?

6. Waar staat Sofia tegenwoordig om bekend?

7. Wat voor soort gebouwen staan er in het zakendistrict?

8. Wat is een van de meest populaire toeristische attracties?

9. Welk soort eten moet je proberen als je Sofia bezoekt?

10. Wat is de nationale alcoholische drank in Bulgarije?

Лавандула

Лавандула винаги е била **специално** момиче.
Имаше дарбата да кара хората да се чувстват
по-добре, независимо какъв е проблемът им.
Приятелите ѝ идваха при нея с проблемите си,
а тя ги изслушваше търпеливо, преди да им
даде мъдър съвет. Дори когато беше по-млада,
Лавандула имаше стара душа и беше мъдра повече
от годините си. Затова не беше изненадващо, че
когато бабата на Лавандула почина, тя се зае да
утеши скърбящото ѝ семейство. Помагаше на
майка си да готви и чисти и се грижеше малкият
ѝ брат да си пише домашните всяка вечер. Това
беше труден момент за всички, но Лавендер остана
силна и подкрепяща през цялото време. В крайна
сметка нещата отново започват да се нормализират.
Но въпреки че най-тежката **тъга** беше преминала,
Лавендер все още изпитваше ужасна липса по баба
си. Липсваше ѝ да чува истории за времето, когато
е била млада, или да получава късчета мъдрост от
възрастната жена.

Така един ден Лавандула решава да засади
лавандулов храст в памет на баба си - и оттогава
всеки път, когато усеща сладкия му аромат, който
се носи из въздуха, той носи мир и утеха в сърцето

Lavendel

Lavendel was altijd een **speciaal** meisje. Ze had een gave om mensen zich beter te laten voelen, wat hun probleem ook was. Haar vrienden kwamen naar haar toe met hun problemen, en zij luisterde geduldig voordat ze wijze raad gaf. Zelfs toen ze jonger was, had Lavendel een oude ziel en was ze wijzer dan haar jaren. Het was dan ook niet verwonderlijk dat toen Lavender's grootmoeder overleed, zij het op zich nam om haar rouwende familie te **troosten**. Ze hielp haar moeder met koken en schoonmaken, en zorgde ervoor dat haar broertje elke avond zijn huiswerk afkreeg. Het was een moeilijke tijd voor iedereen, maar Lavendel bleef sterk en ondersteunend. Uiteindelijk begon alles weer normaal te worden. Maar ook al was het ergste **verdriet** voorbij, Lavendel miste haar grootmoeder nog steeds vreselijk. Ze miste de verhalen van toen ze jong was of de wijze woorden van de oudere vrouw.

Op een dag besloot Lavendel een lavendelstruik te planten ter nagedachtenis aan haar oma, en vanaf dat moment bracht de zoete geur van de lavendel haar rust en troost in de wetenschap dat een deel van haar oma nog altijd bij hen was. Lavendel's gave om mensen zich beter te laten voelen kwam goed van pas toen ze als **verpleegster** ging werken. Ze werd al snel bekend

й, знаейки, че част от баба й все още е винаги с тях. Дарбата на Лавандула да кара хората да се чувстват по-добре й идва на помощ, когато започва работа като **медицинска сестра**. Пациентите й бързо я нарекоха "лекуващия ангел", тъй като винаги отделяше време да изслуша и да предложи мили думи на насърчение. Без значение колко е заета, Лавендер винаги се старае да провери всеки един от пациентите си, дори и да е само за кратък разговор. По време на един от тези разговори Лавендер се запознава с г-жа Сондърс, **възрастна** жена, която е диагностицирана с рак. Още от първия им разговор стана ясно, че госпожа Сондърс се страхува от бъдещето, но Лавендер направи всичко възможно, за да облекчи страховете й и да й помогне да остане **позитивна**.

Те разговаряха с часове за най-различни неща - от **детските** спомени на госпожа Сондърс до това какъв е животът й в момента извън стените на болницата. Това внесе така необходимата светлина в живота и на двамата в един много мрачен период.

als de "genezende engel" door haar patiënten, altijd de tijd nemend om te luisteren en vriendelijke woorden van bemoediging te geven. Hoe druk ze het ook had, Lavendel zorgde er altijd voor om even bij al haar patiënten langs te gaan, al was het maar voor een kort praatje. Het was tijdens een van deze gesprekken dat Lavender mevrouw Saunders ontmoette, een **oudere** vrouw bij wie kanker was vastgesteld. Vanaf hun eerste gesprek was het duidelijk dat mevrouw Saunders doodsbang was voor wat de toekomst zou brengen - maar Lavender deed alles wat ze kon om haar angsten te verzachten en haar te helpen **positief te** blijven.

Ze praatten urenlang over van alles en nog wat, van de jeugdherinneringen **van** mevrouw Saunders tot hoe het leven er momenteel buiten de ziekenhuismuren uitzag. Het bracht wat broodnodig licht in hun beider leven in een zeer donkere tijd.

Въпроси за разбиране

1. Какъв беше подаръкът на Лавандула?

2. Как Лавандула помага на семейството си, след като баба й умира?

3. Защо Лавандула засажда лавандулов храст?

4. Какъв е прякорът на Лавандула в болницата?

5. Коя беше г-жа Сондърс?

6. Каква е диагнозата на г-жа Сондърс?

7. За какво разговарят госпожа Сондърс и Лавандула?

8. Как се е влошило здравето на г-жа Сондърс?

9. Какво каза г-жа Сондърс на Лавандула, преди да умре?

10. На кого винаги може да разчита Лавандула?

Begrip vragen

1. Wat was Lavendel's geschenk?

2. Hoe hielp Lavendel haar familie nadat haar grootmoeder was overleden?

3. Waarom heeft Lavendel een lavendelstruik geplant?

4. Wat was Lavendel's bijnaam in het ziekenhuis?

5. Wie was Mrs Saunders?

6. Wat was Mrs Saunders haar diagnose?

7. Waar hadden Mrs Saunders en Lavendel het over?

8. Hoe ging het met de gezondheid van Mrs Saunders?

9. Wat zei Mrs Saunders tegen Lavendel voor ze overleed?

10. Op wie kan Lavendel altijd rekenen?

Розово масло

Сладкият, цветен аромат на розово масло изпълва въздуха, докато Лайла работи в градината си. Тя обичаше мириса на рози и винаги се стараеше да има няколко капки **масло** върху ръцете си, когато работеше с тях. Това беше едно от любимите ѝ неща през лятото. Докато подрязваше един храст, чу някой да я вика по име. Звучеше като съседката ѝ, госпожа Джаксън. Лайла се изправи и избърса ръцете си в престилката, преди да отиде до оградата, която разделяше имотите им. "Здравейте, госпожо Джаксън", каза тя топло. "Какво мога да направя за вас?" Исках само да ви съобщя, че синът ми **утре ще бъде на гости в** града и се чудех дали не искате да дойдете на вечеря. Лайла беше развълнувана, че ще вечеря с госпожа Джаксън и сина ѝ. Винаги е била **любопитна за** него, тъй като никога преди не го е виждала. Госпожа Джаксън ѝ беше казала, че той живее в града и работи като лекар. Когато на следващия ден Лайла пристигна в дома на госпожа Джаксън, тя се изненада, като видя колко **красив** е синът ѝ.

Той се представи като Джеймс и всички седнаха да вечерят заедно. Разговорът вървеше лесно и Лайла откри, че **компанията** му ѝ доставя огромно

Rozenolie

De zoete, bloemige geur van rozenolie vulde de lucht
terwijl Lila in haar tuin werkte. Ze hield van de geur van
rozen en zorgde er altijd voor een paar druppels **olie**
op haar handen te hebben als ze ermee aan het werk
was. Het was een van haar favoriete dingen aan de
zomer. Terwijl ze een struik snoeide, hoorde ze iemand
haar naam roepen. Het klonk als haar buurvrouw,
Mevr. Jackson. Lila stond op en veegde haar handen
af aan haar schort voor ze naar het hek liep dat hun
eigendommen scheidde. "Hallo, mevrouw Jackson,"
zei ze hartelijk. "Wat kan ik voor u doen?" Ik wilde u
laten weten dat mijn zoon **morgen op bezoek komt**
en ik vroeg me af of u zou willen komen eten. Lila was
opgewonden om te komen eten met Mevr. Jackson
en haar zoon. Ze was altijd al **nieuwsgierig** naar hem
geweest, want ze had hem nog nooit gezien. Mevrouw
Jackson had haar verteld dat hij in de stad woonde
en als dokter werkte. Toen Lila de volgende dag bij
mevrouw Jackson aankwam, was ze verbaasd te zien
hoe **knap** haar zoon was.

Hij stelde zich voor als James, en ze gingen samen aan
tafel. Het gesprek verliep vlot, en Lila genoot enorm van
zijn **gezelschap**. Na het eten vroeg James of hij met
Lila mee naar huis mocht lopen. Ze stemde gretig in en

удоволствие. След вечеря Джеймс попита дали може да придружи Лайла до дома. Тя прие с нетърпение и двамата се сбогуваха с госпожа Джаксън. Докато вървяха, Джеймс потърси ръката на Лайла и я стисна нежно. Когато стигнаха до вратата, той се наведе и я целуна леко по устните. Това беше перфектният край на една перфектна **вечер**. Лайла и Джеймс започнаха да се виждат редовно. Тя беше влюбена до уши в него, а той, изглежда, изпитваше същите чувства към нея. Прекарваха часове в разговори, разхождаха се ръка за ръка из парка или просто седяха в прегръдките си. Беше перфектно. Един ден Джеймс изневиделица каза на Лайла, че трябва да напусне града за няколко седмици по работа. Тя беше **разочарована,** но разбра. Лайла отброи дните до завръщането на Джеймс. Той ѝ липсваше ужасно и нямаше търпение да го види отново. В деня, в който той трябваше да се върне, тя отиде да го посрещне на гарата. Но когато **влакът пристигна,** от Джеймс нямаше и следа.

ze namen afscheid van Mevr. Jackson. Terwijl ze liepen, pakte James Lila's hand en kneep er zachtjes in. Toen ze aan haar deur kwamen, leunde hij voorover en kuste haar zachtjes op de lippen. Het was een perfect einde van een perfecte **avond**. Lila en James begonnen elkaar regelmatig te zien. Zij was halsoverkop verliefd op hem, en hij leek hetzelfde voor haar te voelen. Ze praatten uren, wandelden hand in hand door het park, of zaten gewoon in elkaars armen. Het was perfect. Op een dag, uit het niets, vertelde James Lila dat hij voor zaken een paar weken de stad uit moest. Ze was **teleurgesteld** maar begreep het. Lila telde de dagen af tot James terug zou zijn. Ze miste hem vreselijk en kon niet wachten om hem weer te zien. Op de dag dat hij zou terugkomen, ging ze naar het station om hem te ontmoeten. Maar toen de **trein** aankwam, was er geen teken van James.

Въпроси за разбиране

1. Какво прави главният герой, когато усеща мирис на рози?

2. Кого чува Лила да я вика по име?

3. Кое е нещото, което интересува Лайла за сина на госпожа Джаксън?

4. Какво чувства Лайла към Джеймс след вечерята?

5. Защо Джеймс трябва да напусне града?

6. Как се чувства Лайла, когато Джеймс не й се обажда?

7. Какво прави Лайла, когато й липсва Джеймс?

8. Какво намира Лила, когато отваря една от бутилките с розово масло?

9. Как се чувства Лайла, след като прочита бележката?

10. Вижда ли Лайла отново Джеймс?

Begrip vragen

1. Wat doet de hoofdpersoon als ze rozen ruikt?

2. Wie hoort Lila haar naam roepen?

3. Wat is één ding waar Lila nieuwsgierig naar is, over de zoon van Mevr. Jackson?

4. Wat vindt Lila van James na het eten?

5. Waarom moet James de stad verlaten?

6. Hoe voelt Lila zich als ze niets van James hoort?

7. Wat doet Lila als ze James mist?

8. Wat vindt Lila als ze een van de flessen met rozenolie opent?

9. Hoe voelt Lila zich na het lezen van het briefje?

10. Ziet Lila James ooit nog terug?

Черно море

Черно море е място, изпълнено с мистерии и легенди. В продължение на векове то е било източник на очарование за мореплаватели и изследователи. Твърди се, че морето е дом на **странни** същества и изгубени цивилизации. Някои казват, че то е прокълнато, а други вярват, че крие огромна сила и съкровища. Никой не знае със сигурност какво се крие под тъмните му води. През последните години Черно море се превърна в **популярна** дестинация за туристите, които търсят приключения. Морето е известно с коварните си метеорологични условия и опасни течения. Много хора са се удавили във водите му или са изчезнали, след като са навлезли твърде далеч от брега. Въпреки рисковете, има хора, които са привлечени от тъмния **чар на** морето. Те идват в търсене на вълнения и приключения, надявайки се да намерят нещо, което не могат да намерят никъде другаде по света. В този конкретен ден морето беше тихо и спокойно на вид, сякаш нищо зловещо не се криеше под **повърхността** му.

Група приятели бяха наели лодка и плаваха в открито море с изследователска мисия. Когато се отдалечили от сушата, те започнали да се чувстват

De Zwarte Zee

De Zwarte Zee is een plaats van mysterie en legende. Al eeuwenlang is het een bron van fascinatie voor zeelieden en ontdekkingsreizigers. Er wordt gezegd dat de zee de thuis is van **vreemde** wezens en verloren beschavingen. Sommigen zeggen dat de zee vervloekt is, terwijl anderen geloven dat hij grote kracht en schatten herbergt. Niemand weet zeker wat er onder het donkere water ligt. De laatste jaren is de Zwarte Zee een **populaire** bestemming geworden voor toeristen die op zoek zijn naar avontuur. De zee staat bekend om haar verraderlijke weersomstandigheden en gevaarlijke stromingen. Veel mensen zijn in het water verdronken of vermist geraakt nadat ze zich te ver van de kust hadden gewaagd. Ondanks de risico's zijn er mensen die zich aangetrokken voelen tot de duistere **aantrekkingskracht** van de zee. Zij komen op zoek naar spanning en avontuur, in de hoop iets te vinden dat ze nergens anders ter wereld kunnen vinden. Op deze dag zag de zee er kalm en vredig uit, alsof er niets onheilspellends onder de **oppervlakte op de loer lag**.

Een groep vrienden had een boot gehuurd en voer het open water op voor een verkenningsmissie. Naarmate ze verder van land verwijderd raakten, begonnen ze zich ongemakkelijk te voelen over het feit dat ze zo

неспокойни, че се намират толкова далеч в морето и няма никой около тях. Изведнъж небето над тях потъмняло, тъй като бързо се появили буреносни облаци. Засилили се **силни** ветрове, които вдигали вълни, заплашващи да преобърнат малкия им кораб. Приятелите се борели смело със стихията, но накрая се предали на изтощението. Лодката им се носела безцелно, докато най-накрая не заседнала на непознат остров. Докато изследват новата **обстановка,** приятелите откриват, че островът е покрит със странни символи и надписи. Откриват и древни руини, които изглежда датират от векове. Скоро става ясно, че не са сами на острова. Започват да виждат странни **същества, които** се крият в сенките и ги наблюдават със зловещи очи. Приятелите разбрали, че са се натъкнали на нещо наистина магическо и загадъчно.

Трябваше да бъдат внимателни, ако искаха да се измъкнат живи от **острова.** С настъпването на нощта съществата стават все по-смели и започват да се приближават към приятелите. Те се уплашиха, но не искаха да покажат слабост. Изведнъж едно от съществата нададе силен писък и ги нападна. Останалите последвали примера му и скоро приятелите били **заобиколени от** заплашителните същества. Точно когато изглеждаше, че ще бъдат нападнати, в небето се появи ярка светлина и **изплаши** съществата.

ver op zee waren en niemand om zich heen hadden. Plotseling werd de lucht donker en kwamen er snel stormwolken opzetten. De **sterke** wind wakkerde aan en joeg golven op die hun kleine schip dreigden te doen kapseizen. De vrienden vochten dapper tegen de elementen, maar bezweken uiteindelijk van uitputting. Hun boot dreef doelloos rond tot het uiteindelijk aan de grond liep op een onbekend eiland. Toen ze hun nieuwe **omgeving** verkenden, ontdekten de vrienden dat het eiland bedekt was met vreemde symbolen en schrift. Ze ontdekten ook oude ruïnes die eeuwen oud leken te zijn. Het werd al snel duidelijk dat ze niet alleen op het eiland waren. Ze begonnen vreemde **wezens te** zien die zich in de schaduw schuilhielden en hen met griezelige ogen bekeken. De vrienden wisten dat ze op iets werkelijk magisch en mysterieus waren gestuit.

Ze zouden voorzichtig moeten zijn als ze levend van het **eiland** af wilden komen. Toen de nacht begon te vallen, werden de wezens brutaler en begonnen de vrienden te naderen. Ze waren doodsbang maar wilden geen zwakte tonen. Plotseling liet een van de wezens een luide gil horen en viel hen aan. De anderen volgden, en al gauw waren de vrienden **omsingeld** door de dreigende wezens. Net toen het leek alsof ze aangevallen zouden worden, verscheen er een helder licht in de lucht dat de wezens **afschrikte**.

Въпроси за разбиране

1. Какво представлява Черно море?

2. От колко века Черно море е източник на очарование?

3. За кое място се казва, че е дом на Черно море?

4. Какво е проклятието на Черно море?

5. Какво притежава Черно море?

6. В какво се е превърнало Черно море през последните години?

7. С какво е известно морето?

8. Колко души са изчезнали, след като са навлезли твърде далеч от брега?

9. Какво търсят онези, които са привлечени от тъмната съблазън на морето?

10. Какво откриват приятелите, когато изследват новата си среда?

Begrip vragen

1. Waarvan is de Zwarte Zee een plaats?

2. Hoeveel eeuwen is de Zwarte Zee al een bron van fascinatie?

3. Waarvan wordt gezegd dat het de Zwarte Zee is?

4. Wat is de vloek van de Zwarte Zee?

5. Wat houdt de Zwarte Zee in?

6. Wat is er de laatste jaren van de Zwarte Zee geworden?

7. Waar is de zee bekend om?

8. Hoeveel mensen zijn er vermist geraakt nadat ze zich te ver van de kust hadden gewaagd?

9. Wat zoeken zij die zich aangetrokken voelen tot de duistere verleiding van de zee?

10. Wat vonden de vrienden toen ze hun nieuwe omgeving verkenden?

Вино

Първият път, когато пих вино, беше на сватбата ми. И двамата със **съпруга** ми бяхме притеснени, така че всеки от нас отпи по глътка, за да успокои нервите си. Вкусът не приличаше на нищо, което бях изпитвала досега. Беше сладък и плодов, с дъбова нотка, която оставаше на небцето. И двамата се съгласихме, че това е най-доброто вино, което някога сме опитвали. Оттогава опитваме различни вина от цял свят. Открихме някои, които ни харесват повече от други, но винаги има какво ново да **открием**. Виното се превърна в едно от любимите ни неща, които споделяме заедно. Независимо дали се наслаждаваме на чаша с вечерята или споделяме бутилка по специален повод, това винаги е **приятно** преживяване.

Тази вечер ще опитаме ново вино, което нямахме търпение да опитаме. Това е червено вино от Италия, което ни препоръча наш приятел. Наливаме си по една **чаша** и отпиваме по глътка. Ароматът е богат и сложен, с нотки на череша и шоколад. И двамата се усмихваме одобрително. Докато продължаваме да пием, започваме да се чувстваме **по-спокойни** и щастливи. Разговорът върви лесно, докато споделяме истории и се смеем

Wijn

De eerste keer dat ik wijn dronk was op mijn bruiloft. Mijn **man** en ik waren allebei nerveus, dus namen we elk een slokje om onze zenuwen te kalmeren. De smaak was anders dan alles wat ik ooit eerder had ervaren. Het was zoet en fruitig, met een vleugje eikenhout dat in de mond bleef hangen. We waren het er allebei over eens dat het de beste wijn was die we ooit hadden geproefd. Sindsdien hebben we verschillende wijnen van over de hele wereld geprobeerd. Sommige vinden we lekkerder dan andere, maar er valt altijd wel iets nieuws te **ontdekken**. Wijn is een van onze favoriete dingen geworden om samen te delen. Of we nu een glas drinken bij het eten of een fles delen bij een speciale gelegenheid, het is altijd een **plezierige** ervaring.

Vanavond proberen we een nieuwe wijn die we al zo lang wilden proberen. Het is een rode wijn uit Italië die onze vriend ons heeft aangeraden. We schenken elkaar een **glas in** en nemen een slok. De smaak is rijk en complex, met tonen van kersen en chocolade. We glimlachen allebei van goedkeuring. Terwijl we verder drinken, beginnen we ons meer **ontspannen** en gelukkig te voelen. Het gesprek vloeit makkelijk, we delen verhalen en lachen samen. De fles is al snel leeg

заедно. Не след дълго завършваме бутилката, чувствайки се доволни и удовлетворени. Това беше още едно чудесно откритие благодарение на любовта ни към виното. Един ден решихме да отидем на обиколка за дегустация на вино в нашия местен район. Посетихме няколко **винарни** и дегустирахме различни вина. Някои от тях бяха добри, други - не толкова, но всичко това беше част от преживяването. В един момент се озовахме пред голяма **бъчва с** червено вино.

Собственикът ни каза, че това е тяхната специална резерва и ни предложи да опитаме. Първоначално се поколебахме, тъй като беше доста скъпо, но после решихме да го вземем. Ароматът беше невероятен! Беше гладка и плътна, с точното количество **сладост**. В крайна сметка си купихме бутилка, за да я вземем със себе си вкъщи.
С нарастването на колекцията ни от вина се увеличават и знанията ни за тях. Научаваме за **различните** сортове грозде и как те влияят на вкуса на виното. Експериментираме с комбинации с храни и откриваме нови любими вина. Виното се превърна в нещо повече от просто нещо, което пием; то е нещо, което ни харесва да **научаваме** и изследваме заедно.

en we voelen ons tevreden en voldaan. Het was weer een geweldige ontdekking dankzij onze liefde voor wijn. Op een dag besloten we een wijnproeverij te doen in onze streek. We bezochten verschillende **wijnhuizen** en proefden verschillende wijnen. Sommige waren goed, andere minder goed, maar het was allemaal onderdeel van de ervaring. Op een gegeven moment stonden we voor een groot **vat** met rode wijn.

De eigenaar vertelde ons dat het hun speciale reserve was en bood ons aan te proeven. We aarzelden eerst, omdat het nogal duur was, maar besloten het toch te proberen. De smaak was ongelooflijk! Hij was zacht en vol van smaak, met precies de juiste hoeveelheid **zoetheid**. Uiteindelijk kochten we een fles om mee naar huis te nemen. Naarmate onze wijncollectie groeit, groeit ook onze kennis over wijn. We leren over **verschillende** druivensoorten en hoe ze de smaak van de wijn beïnvloeden. We experimenteren met combinaties van gerechten en vinden gaandeweg nieuwe favorieten. Wijn is meer geworden dan alleen iets wat we drinken; het is iets waar we graag over **leren** en samen ontdekken.

Въпроси за разбиране

1. Какво е направил съпругът на авторката на сватбата им?

2. Какво е мнението на автора за виното, което са пили на сватбата си?

3. С какво се занимават авторката и съпругът ѝ след сватбата си?

4. Какво правят авторката и съпругът ѝ тази вечер?

5. Какво казва собственикът на винарната на авторката и нейния съпруг?

6. Какво е мнението на автора и съпруга му за виното, което са опитали?

7. Какво са купили авторката и съпругът ѝ от винарната?

8. Как се е променила връзката на автора с виното, след като за първи път го е опитал?

9. Какво е правил авторът по време на обиколката си с дегустация на вино?

10. В какво се е превърнало виното за тях, казва авторът?

Begrip vragen

1. Wat deed de echtgenoot van de auteur op hun bruiloft?

2. Wat vond de auteur van de wijn die ze op hun bruiloft dronken?

3. Wat hebben de auteur en hun echtgenoot gedaan sinds hun huwelijk?

4. Wat doen de auteur en hun man vanavond?

5. Wat zei de eigenaar van de wijnmakerij tegen de schrijfster en haar man?

6. Wat vonden de auteur en hun echtgenoot van de wijn die ze proefden?

7. Wat hebben de auteur en hun man gekocht bij de wijnmakerij?

8. Hoe is de relatie van de schrijver met wijn veranderd sinds hij het voor het eerst probeerde?

9. Wat heeft de auteur gedaan op hun wijnproeverij tour?

10. Wat zegt de schrijver dat wijn voor hen is geworden?

Минерални извори

Госпожа Сондърс винаги е обичала да ходи на изворите. Като дете тя прекарвала часове в игри в хладната вода с приятелите си. Отиваше там, за да прочисти съзнанието си и да се откъсне за малко от ежедневието. точно от това се нуждаеше в момента; малко време за себе си в климатичната система на природата! Когато госпожа Сондърс се приближи до изворите, тя видя, че нещо е различно. Обикновено бистрата вода беше **мътна** и кафява, а във въздуха се носеше неприятна миризма. Не искаше да повярва, но знаеше какво се е случило - някой беше замърсил изворите! Тя седна на близката скала и се почувства обезверена. Това място винаги е било нейното **щастливо** място, но сега беше разрушено. Кой би могъл да направи такова нещо? И защо? Точно тогава тя чу гласове, идващи от другата страна на извора. Изглеждаше, че двама мъже **спорят** за нещо.

Мисис Сондърс се приближи, за да може да чуе какво си говорят. "Казвам ви, че трябва да се отървем по някакъв начин от това замърсяване!" - каза гневно един от мъжете. "И как предлагате да направим това?" - скептично отговори **спътникът** му. "Не знам... но ако не направим нещо скоро,

Minerale bronnen

Mrs Saunders ging altijd al graag naar de bronnen. Als kind speelde ze urenlang met haar vriendjes in het koele water. Ze ging er altijd heen om haar hoofd leeg te maken en even weg te zijn van het leven **van alledag**. Net wat ze nu nodig had; wat tijd voor zichzelf in de airconditioning van de natuur! Toen mevrouw Saunders de bronnen naderde, kon ze zien dat er iets anders was. Het gewoonlijk heldere water was **troebel** en bruin, en er hing een onaangename geur in de lucht. Ze wilde het niet geloven, maar ze wist wat er gebeurd was: iemand had de bronnen vervuild! Ze ging op een nabijgelegen rots zitten en voelde zich gedesillusioneerd. Deze plek was altijd haar **gelukkige** plek geweest, maar nu was het verpest. Wie had zoiets kunnen doen? En waarom? Juist op dat moment hoorde ze stemmen van de andere kant van de bron. Het klonk alsof twee mannen ergens **ruzie** over **maakten**.

Mevrouw Saunders kroop dichterbij zodat ze kon horen wat ze zeiden. "Ik zeg u, we moeten op de een of andere manier van deze vervuiling af!" zei een van de mannen boos. "En hoe stelt u voor dat we dat doen?" antwoordde zijn **metgezel** sceptisch. "Ik weet het niet... maar als we niet snel iets doen, zal deze hele

целият град ще пострада." "Добре" - въздъхна неохотно другият мъж. Но още сега ти казвам, че какъвто и безумен план да измислиш - няма да го направя!" С това двамата мъже си тръгнаха, оставяйки госпожа Сондърс отново сама с **мислите** си. Цяла нощ госпожа Сондърс не можеше да изхвърли от главата си думите на тези мъже. Колкото повече мислеше за тях, толкова повече се **ядосваше.** За кого се мислеха те, като седяха и не правеха нищо, докато любимите им извори се превръщаха в помийна яма? Е, тя нямаше да се примири с това!

На следващия ден, въоръжена с кофа и гъба, тя тръгна към изворите, решена да ги почисти сама, ако никой друг не го направи. Отнело й часове изтощителна работа в жегата, но до **залез слънце** госпожа Сондърс успяла да направи някои малки подобрения. Окуражена от постигнатия напредък, госпожа Сондърс се прибра у дома, като се зарече да се връща всеки ден, докато не свърши работата. Бавно, но сигурно в **Минерал** Спрингс се разчуло за това, което г-жа Сондърс правела, и не след дълго хората също започнали да се присъединяват. Всяка сутрин групи от **жители на града** се събирали при изворите, въоръжени с **кофи,** готови за поредния работен ден... и постепенно, но сигурно, нещата започнали да се подобряват.

stad eronder lijden." "Goed," zuchtte de andere man met tegenzin. Maar ik zeg je nu, wat voor gek plan je ook bedenkt, ik doe het niet!" Daarmee gingen beide mannen hun eigen weg en lieten mevrouw Saunders weer alleen met haar **gedachten**. Mevrouw Saunders kon de woorden van die mannen de hele nacht niet uit haar hoofd krijgen. Hoe meer ze erover nadacht, hoe **kwader** ze werd. Wie dachten ze wel dat ze waren, zitten en niets doen terwijl hun geliefde bronnen in een beerput veranderden? Nou, ze was niet van plan om het te laten **liggen**!

De volgende dag, gewapend met een emmer en een spons, marcheerde ze naar de bronnen, vastbesloten om ze zelf schoon te maken als niemand anders dat zou doen. Het kostte haar uren van slopend werk in de zinderende hitte, maar tegen **zonsondergang was** mevrouw Saunders erin geslaagd enkele kleine verbeteringen aan te brengen. Aangemoedigd door haar vooruitgang keerde mevrouw Saunders naar huis terug, met de belofte elke dag terug te komen tot het werk gedaan was. Langzaam maar zeker raakte men in **Mineral** Springs op de hoogte van wat mevrouw Saunders aan het doen was, en al snel begonnen ook de mensen mee te doen. Elke ochtend verzamelden groepen **mensen** zich bij de bronnen, gewapend met **emmers**, klaar voor een nieuwe dag werk... en langzaam maar zeker ging het steeds beter.

Въпроси за разбиране

1. Какво прави госпожа Сондърс, когато чува, че мъжете се карат?

2. Какво беше различното в изворите, когато пристигна г-жа Сондърс?

3. Защо госпожа Сондърс е почувствала нуждата сама да почисти пружините?

4. Как са реагирали хората, когато са разбрали какво прави г-жа Сондърс?

5. Колко време отне на госпожа Сондърс да почисти пружините?

6. Какъв е резултатът от усилията на г-жа Сондърс?

7. Какво си казаха мъжете, преди да тръгнат по своя път?

8. Какво направи госпожа Сондърс, когато се прибра у дома?

9. Какво обещава да направи г-жа Сондърс?

10. Каква е общата реакция на жителите на града, когато виждат, че изворите отново са чисти?

Begrip vragen

1. Wat doet mevrouw Saunders als ze de mannen ruzie hoort maken?

2. Wat was er anders aan de bronnen toen Mrs Saunders aankwam?

3. Waarom vond Mrs Saunders het nodig om de veren zelf schoon te maken?

4. Hoe reageerden de mensen toen ze erachter kwamen wat Mrs Saunders aan het doen was?

5. Hoe lang heeft Mrs Saunders erover gedaan om de veren schoon te maken?

6. Wat was het resultaat van de inspanningen van Mrs Saunders?

7. Wat zeiden de mannen tegen elkaar voordat ze ieder hun eigen weg gingen?

8. Wat deed Mrs Saunders toen ze thuiskwam?

9. Wat heeft Mrs Saunders gezworen te doen?

10. Wat was de collectieve reactie van de stedelingen toen zij de bronnen weer helder zagen stromen?

Планините Витоша

Слънцето току-що бе надникнало над **хоризонта и** хвърляше розово-оранжево сияние върху планината Витоша. Птичките пееха, а катеричките си бъбреха, докато се занимаваха със сутрешните си дела. Всичко на света беше наред, с изключение на едно малко нещо. В далечината, от другата страна на **долината,** се събираше тъмен облак. Той не беше естествен - това беше ясно от размера и скоростта му. Нещо идваше и не изглеждаше добре. Животните също можеха да го усетят. Те замълчаха, докато гледаха **приближаването на** облака, а сърцата им се свиваха от **страх**.

Дори и най-смелите сред тях знаеха, че не могат да се преборят с това - каквото и да беше, то беше голямо, мощно и **опасно**. Когато облакът достигна до тях, те видяха какво всъщност представлява: огромно стадо препускащи коне! Очите им бяха обезумели от ужас, докато те преминаваха с гръм и трясък, оставяйки след себе си следа от прах и разрушения. Животните изпаднаха в **паника**. Не знаеха какво да правят и къде да отидат. Някои от тях побягнаха към безопасното място в гората, а други се скриха в хралупи и **пещери с** надеждата, че ще бъдат пощадени. Но конете не се интересуваха

Vitosha gebergte

De zon begon net over de **horizon te komen** en wierp een roze en oranje gloed over het Vitosha gebergte. De vogels zongen en de eekhoorns kwetterden terwijl ze hun ochtenddingen deden. Alles was goed in de wereld, behalve één klein ding. In de verte, aan de andere kant van de **vallei**, trok een donkere wolk samen. Het was niet natuurlijk, zoveel was duidelijk door de grootte en snelheid. Er kwam iets aan, en het zag er niet goed uit. De dieren konden het ook voelen. Ze werden stil toen ze de wolk zagen **naderen**, hun hart bonzend van **angst**.

Zelfs de dappersten onder hen wisten dat dit iets was waartegen zij niet konden vechten - wat het ook was, het was groot en machtig en **gevaarlijk**. Toen de wolk hen bereikte, konden ze zien wat het werkelijk was: een enorme kudde op hol geslagen paarden! Hun ogen waren wild van angst toen ze voorbij denderden, een spoor van stof en vernieling achterlatend. De dieren waren in **paniek**. Ze wisten niet wat ze moesten doen of waar ze heen moesten. Sommigen renden naar de veiligheid van het bos, terwijl anderen zich verstopten in holen en **grotten**, hopend dat ze gespaard zouden blijven. Maar het kon de paarden niet schelen wie zich verstopte en wie wegliep. Zij waren op een missie

от това кой се крие и кой бяга. Те имаха мисия
да унищожат всичко по пътя си! Дърветата бяха
изкоренени, **скалите -** разбити, а малките същества
- стъпкани. Нямаше спасение от яростта им.

Както внезапно се бяха появили, конете отново
изчезнаха в далечината, оставяйки след себе
си следи от разруха. Животните бавно излязоха
от скривалищата си, трепереши от страх от
това, на което току-що бяха станали свидетели.
Това беше **нещо, което** те никога нямаше да
забравят - събитие, което щеше да промени
живота им завинаги. Животните знаеха, че трябва
да предупредят останалите. Това беше нещо
голямо и лошо и идваше за всички тях. Затова
те разпространиха информацията надлъж и
нашир, докато всяко **същество** в гората научи
за препускащите коне. Някои от тях искаха да
останат и да се бият, но бързо разбраха, че няма
как да победят срещу такава сила. Вместо това
те побягнаха. **Разпръснаха се** по вятъра, бягайки
колкото се може по-бързо към безопасността. Може
би някой ден ще се върнат, но засега единствената
им цел беше да **оцелеят**.

om alles op hun pad te vernietigen! Bomen werden ontworteld, **rotsen** verbrijzeld, en kleine wezens werden vertrapt. Er was geen ontsnappen aan hun woede.

Even plotseling als ze waren verschenen, verdwenen de paarden weer in de verte, een spoor van verwoesting achterlatend. De dieren kwamen langzaam tevoorschijn uit hun schuilplaatsen, bevend van angst voor wat ze zojuist hadden aanschouwd. Dit was **iets** dat ze nooit zouden vergeten - een gebeurtenis die hun leven voor altijd zou veranderen. De dieren wisten dat ze de anderen moesten waarschuwen. Dit was iets groots en slechts, en het zou hen allemaal komen halen. Dus verspreidden ze het woord wijd en zijd, totdat elk **wezen** in het bos wist van de op hol geslagen paarden. Sommigen wilden blijven om te vechten, maar ze realiseerden zich snel dat er geen manier was om te winnen van zo'n macht. Dus in plaats daarvan vluchtten ze. Ze **verspreidden zich** in de wind en renden zo snel als ze konden naar de veiligheid. Misschien zouden ze op een dag terugkomen, maar voor nu was hun enige doel **overleven**.

Въпроси за разбиране

1. Какъв беше тъмният облак, който животните видяха в далечината?

2. Какво направиха животните, когато видяха препускащите коне?

3. Защо животните са избягали?

4. Как са се отразили на животните препускащите коне?

5. Какво направиха животните, след като конете си тръгнаха?

6. Каква е била целта на животните?

7. Как мислите, какво са си помислили животните, когато са видели конете?

8. Мислите ли, че животните ще се върнат? Защо или защо не?

9. Какво бихте направили, ако бяхте на мястото на животните?

10. Какво според вас представляват препускащите коне?

Begrip vragen

1. Wat was de donkere wolk die de dieren in de verte zagen?

2. Wat deden de dieren toen ze de op hol geslagen paarden zagen?

3. Waarom vluchtten de dieren?

4. Wat voor invloed hadden de op hol geslagen paarden op de dieren?

5. Wat deden de dieren nadat de paarden vertrokken waren?

6. Wat was het doel van de dieren?

7. Wat denk je dat de dieren dachten toen ze de paarden zagen?

8. Denk je dat de dieren terug zullen komen? Waarom wel of waarom niet?

9. Wat zou jij gedaan hebben als je in de plaats van de dieren was?

10. Wat denk je dat de op hol geslagen paarden voorstellen?

Rakiya

Ракия винаги е била **творческо** дете. Тя обичаше да измисля истории и да пее песни. Родителите ѝ насърчавали творчеството ѝ и тя често прекарвала часове в стаята си, потънала в собствения си свят. Един ден родителите на Ракия я водят на представление. Тя за първи път виждала нещо подобно и била запленена от историята. След представлението **родителите на** Ракия я попитали дали не би искала сама да опита да играе. Те я записват в клас по актьорско майсторство и Ракия бързо се влюбва в играта. Ракия започва да участва в местни **театрални** постановки и скоро забелязват таланта ѝ. Тя получава по-големи роли и дори се снима в телевизията. Кариерата ѝ се развива, но Ракия все още намира време за творчески занимания извън актьорската професия: пише разкази, рисува картини и композира песни на **пиано**.

Усеща, че творчеството ѝ помага да се задържи на земята на фона на всички успехи, които постига като актриса. Също така означава, че когато нещата не вървят добре в професионален план, тя винаги може да се обърне към изкуството като форма на себеизразяване и **освобождаване**. С навлизането

Rakiya

Rakiya was altijd een **creatief** kind. Ze hield ervan verhalen te verzinnen en liedjes te zingen. Haar ouders moedigden haar creativiteit aan, en ze bracht vaak uren in haar kamer door, verdwaald in haar eigen wereld. Op een dag namen Rakiya's ouders haar mee om een toneelstuk te zien. Het was de eerste keer dat ze zoiets had gezien, en ze was geboeid door het verhaal. Na de voorstelling vroegen Rakiya's **ouders** haar of ze zelf wilde proberen te acteren. Ze schreven haar in voor een acteercursus, en Rakiya werd al snel verliefd op acteren. Rakiya begon op te treden in lokale theaterproducties en begon al snel op te vallen voor haar talent. Ze kreeg grotere rollen en zelfs wat televisiewerk. Haar carrière nam een hoge vlucht, maar Rakiya maakte nog steeds tijd voor haar creatieve bezigheden buiten het acteren; ze schreef verhalen, schilderde schilderijen en componeerde liedjes op **de piano**.

Ze voelde dat creatief bezig zijn haar hielp om met beide benen op de grond te blijven staan temidden van al het succes dat ze als actrice had. Het betekende ook dat wanneer het professioneel niet zo goed ging, ze zich altijd tot kunst kon wenden als een vorm van zelfexpressie en **ontlading**. Toen Rakiya

си в зряла възраст Ракия се насочва към независими филмови проекти, които ѝ позволяват по-голям артистичен контрол, отколкото работата в Холивуд. Тя пише, режисира и участва в няколко успешни **късометражни** филма, които получават одобрението на критиката. Нейната уникална визия и стил ѝ спечелват верни последователи сред кинозрителите, които оценяват да видят нещо различно на екрана. През последните години Ракия започва да експериментира с **технологията за** виртуална реалност като начин да създаде още по-завладяващи преживявания за публиката.

Тя е смятана за един от **най-иновативните** режисьори, работещи днес, и не показва признаци, че скоро ще забави темпото. Последният проект на Ракия е VR преживяване, базирано на собствената ѝ житейска история. Играчът влиза в ролята на Ракия, докато тя се занимава с ежедневните си дейности - от уроци по актьорско майсторство до **работа на** снимачната площадка. Когато играчът навлезе по-дълбоко в играта, той започва да вижда проблясъци от творческия процес на Ракия по време на работа и как тя черпи вдъхновение от заобикалящия я свят. В момента Ракия разработва няколко нови проекта, както в традиционната филмова сфера, така и във VR. Тя продължава да се стреми да разширява границите и да разказва истории, които намират отклик у хората по целия свят.

volwassen werd, voelde ze zich meer aangetrokken tot onafhankelijke filmprojecten, die haar meer artistieke controle gaven dan het werken in mainstream Hollywood. Ze schreef, regisseerde en speelde in verschillende succesvolle **korte** films die door de critici werden toegejuicht. Haar unieke visie en stijl leverden haar een trouwe aanhang op onder bioscoopbezoekers die het op prijs stelden eens iets anders op het scherm te zien. De afgelopen jaren is Rakya gaan experimenteren met virtual **reality-technologie** om het publiek een nog meeslepender verhaalervaring te bieden.

Ze wordt algemeen beschouwd als een van de meest **innovatieve** filmmakers van dit moment en vertoont geen tekenen dat ze het snel rustiger aan zal gaan doen. Rakiya's nieuwste project is een VR-ervaring gebaseerd op haar eigen levensverhaal. De speler kruipt in de huid van Rakiya terwijl ze haar dagelijkse bezigheden uitvoert, van acteerlessen tot **werken** op de set. Naarmate de speler dieper in het spel komt, krijgt hij een glimp te zien van Rakiya's creatieve proces op het werk en hoe ze inspiratie put uit de wereld om haar heen. Rakiya is momenteel bezig met de ontwikkeling van verschillende nieuwe projecten, zowel in traditionele film als VR. Ze blijft zich inzetten om grenzen te verleggen en verhalen te vertellen die aanslaan bij mensen over de hele wereld.

Въпроси за разбиране

1. Как се казва главният герой?

2. Какво са направили родителите на героинята, за да насърчат нейното творчество?

3. Каква е реакцията на главната героиня на пиесата, която родителите ѝ са я завели да види?

4. Защо родителите на главната героиня я записват на курс по актьорско майсторство?

5. Какво прави главният герой, когато не играе?

6. С какви филми предпочита да работи главният герой?

7. Какъв е последният проект на главния герой?

8. Какво може да направи играчът в играта, основана на историята на живота на главния герой?

9. Каква тема се проявява в историята на главния герой?

10. На кого е вдъхновение главният герой?

Begrip vragen

1. Wat is de naam van de hoofdpersoon?

2. Wat deden de ouders van de hoofdpersoon om haar creativiteit te stimuleren?

3. Wat was de reactie van de hoofdpersoon op het toneelstuk waar haar ouders haar mee naar toe namen?

4. Waarom hebben de ouders van de hoofdpersoon haar ingeschreven voor acteerlessen?

5. Wat deed de hoofdrolspeelster als ze niet aan het acteren was?

6. Aan wat voor soort films werkt de hoofdpersoon het liefst?

7. Wat is het laatste project van de hoofdpersoon?

8. Wat krijgt de speler in het spel te doen op basis van het levensverhaal van de hoofdpersoon?

9. Welk thema komt duidelijk naar voren in het verhaal van de hoofdpersoon?

10. Voor wie is de hoofdpersoon een inspiratie?

Траките

Траките били горд и благороден народ. Живеели са в земя, богата на **ресурси, и са** имали силата и числеността да я защитават. Въпреки това земята им била заобиколена от врагове, които винаги търсели възможност да нанесат удар. В резултат на това траките е трябвало да бъдат постоянно нащрек, готови да се бият във всеки един момент. Един ден, докато траките били на **лов,** те попаднали на засада от група разбойници. Бандитите ги превъзхождали числено и бързо ги пленили. **Водачът на** бандитите поискал от траките да предадат всичките си ценности, иначе ще ги убие.

Траките отказали да се подчинят на исканията му и затова вождът заповядал на хората си да започнат да ги убиват един по един. Първите няколко **жертви** молели за милост, но скоро разбрали, че няма да получат такава от похитителите си. С падането на всеки тракиец останалите ставали все по-решителни да не се отказват от имуществото и живота си без бой. Накрая водачът на разбойниците се уморил да чака и **заповядал на** хората си да избият всички траки. Докато умирали, траките знаели, че са загинали с чест и че имената им ще бъдат **запомнени** завинаги от народа им. Новината за

De Thraciërs

De Thraciërs waren een trots en nobel volk. Zij leefden in een land dat rijk was aan **grondstoffen**, en zij hadden de kracht en de aantallen om het te verdedigen. Hun land was echter ook omringd door vijanden die altijd op zoek waren naar een gelegenheid om toe te slaan. Daarom moesten de Thraciërs voortdurend op hun hoede zijn, klaar om op elk moment te vechten. Op een dag, toen de Thraciërs aan **het jagen waren**, werden ze overvallen door een groep bandieten. De bandieten waren in de meerderheid en namen hen snel gevangen. De **leider** van de bandieten eiste dat de Thraciërs al hun kostbaarheden zouden overhandigen of hij zou hen allen doden.

De Thraciërs weigerden aan zijn eisen toe te geven, en dus gaf de leider zijn mannen het bevel hen een voor een te doden. De eerste **slachtoffers** smeekten om genade, maar realiseerden zich al snel dat die er niet zou komen van hun ontvoerders. Naarmate elke Thraciër sneuvelde, werden de overgeblevenen vastberadener om hun bezittingen of hun leven niet zonder slag of stoot op te geven. Tenslotte kreeg de leider van de bandieten genoeg van het wachten en **beval** zijn mannen alle Thraciërs te doden. Terwijl zij lagen te sterven, wisten de Thraciërs dat zij een

смъртта на траките се разпространява бързо и скоро враговете им са на прага им, като искат да предадат всичките си **ресурси**.

Траките отказали и се сражавали храбро срещу **огромното превъзходство**. В крайна сметка те побеждават и прогонват враговете си. Траките са платили висока цена за победата си, но са показали, че са сила, с която трябва да се съобразяват. Тяхната **смелост** и решителност ще се помнят от идните поколения. Траките най-накрая са могли да живеят в мир и благоденствие. Земята им процъфтяваше, а **народът** им благоденстваше. Споменът за загиналите им другари ги вдъхновявал да бъдат винаги готови да защитават дома си и начина си на живот. Траките се превърнали в **легенда**.

eervolle dood waren gestorven en dat hun namen voor altijd in de herinnering van hun volk zouden voortleven. Het nieuws van de dood van de Thraciërs verspreidde zich snel, en al snel stonden hun vijanden voor hun deur met de eis dat zij al hun **rijkdommen zouden afstaan**.

De Thraciërs weigerden en vochten dapper tegen de **overweldigende overmacht**. Uiteindelijk zegevierden zij en verdreven hun vijanden. De Thraciërs hadden een zware prijs betaald voor hun overwinning, maar ze hadden laten zien dat ze een macht waren om rekening mee te houden. Hun **moed** en vastberadenheid zouden nog generaties lang herinnerd worden. De Thraciërs konden eindelijk in vrede en voorspoed leven. Hun land bloeide en hun **volk** bloeide. De herinnering aan hun gesneuvelde kameraden inspireerde hen om altijd klaar te staan om hun thuis en hun manier van leven te verdedigen. De Thraciërs waren een **legende** geworden.

Въпроси за разбиране

1. Кои са били траките?

2. Къде са живели траките?

3. Защо траките е трябвало да бъдат постоянно нащрек?

4. Какво се случило, когато траките били на лов?

5. Кой нападна траките от засада?

6. Какво поиска водачът на разбойниците?

7. Какво се случи, когато траките отказаха да се подчинят на исканията?

8. Кога траките разбрали, че ще бъдат запомнени завинаги?

9. Какъв е резултатът от борбата на траките с техните врагове?

10. Защо траките са легенда?

Begrip vragen

1. Wat waren de Thraciërs?

2. Waar woonden de Thraciërs?

3. Waarom moesten de Thraciërs constant op hun hoede zijn?

4. Wat gebeurde er toen de Thraciërs op jacht waren?

5. Wie overviel de Thraciërs?

6. Wat eiste de leider van de bandieten?

7. Wat gebeurde er toen de Thraciërs weigerden aan de eisen toe te geven?

8. Wanneer wisten de Thraciërs dat ze voor altijd herinnerd zouden worden?

9. Wat was het resultaat van de strijd van de Thraciërs tegen hun vijanden?

10. Waarom waren de Thraciërs een legende?

Пловдив

Град Пловдив е оживен **метрополис, изпълнен с** живот и енергия. Това е място, където всичко може да се случи. Един ден млада жена на име София решава да се премести в Пловдив, за да започне на чисто. Тя е преминала през трудни моменти и е готова за промяна. Когато пристига в **града,** тя веднага се влюбва в него. Всичко е толкова ново и вълнуващо за нея. София бързо се сприятелява и започва да изследва всичко, което градът може да предложи. Тя открива скрити съкровища, като малки **кафенета,** закътани в уличките, или тайни градини на покривите с прекрасна гледка към хоризонта. Всеки ден в Пловдив е приключение. В крайна сметка София се влюбва до уши в града - точно толкова, колкото и той **в** нея.

София живееше в Пловдив от няколко месеца и **много** й харесваше. Харесваше й енергията на града; винаги имаше нещо ново за изследване. Един ден София решила да **се** отклони от утъпкания път и да види какво още може да предложи градът. В крайна сметка се озовала в част на града, в която не била ходила преди. Беше малко занемарена и не се случваше много. Но докато София се разхождаше, започна да забелязва всички уникални

Plovdiv

De stad Plovdiv is een bruisende **metropool**, vol leven en energie. Het is een plaats waar van alles en nog wat kan gebeuren. Op een dag besluit een jonge vrouw, Sofia, naar Plovdiv te verhuizen om een nieuwe start te maken. Ze heeft moeilijke tijden achter de rug en is toe aan verandering. Als ze in de **stad** aankomt, wordt ze er meteen verliefd op. Alles is zo nieuw en opwindend voor haar. Sofia maakt snel vrienden en begint alles te ontdekken wat de stad te bieden heeft. Ze ontdekt verborgen juweeltjes, zoals kleine **cafeetjes** verscholen in steegjes of geheime daktuinen met een prachtig uitzicht op de skyline. Elke dag voelt aan als een avontuur in Plovdiv. Uiteindelijk wordt Sofia halsoverkop verliefd op de stad - net zozeer als zij op haar lijkt te **vallen**.

Sofia woonde nu al een paar maanden in Plovdiv, en ze vond het geweldig. Ze hield van de energie van de stad; er was altijd wel iets nieuws te ontdekken. Op een dag besloot Sofia van de gebaande paden af te **dwalen** en te zien wat de stad nog meer te bieden had. Ze kwam terecht in een deel van de stad waar ze nog nooit was geweest. Het was een beetje vervallen en er was niet veel te beleven. Maar terwijl Sofia rondliep, vielen haar alle unieke details op die deze plek zo **bijzonder**

детайли на това място, които го правеха **специално**. Графитите по стените, начинът, по който хората бяха толкова дружелюбни въпреки обстоятелствата... тя осъзна, че сега това е една от любимите ѝ части на Пловдив. С всеки изминал ден София продължаваше да открива все повече и повече причини, поради които обичаше този град. От скритите му съкровища до оживената му култура, в Пловдив имаше нещо, което чувстваше като у дома си. София живееше в Пловдив от известно време и беше **щастлива** да го нарече свой дом.

Обича всичко в града - неговата енергия, разнообразие, скрити съкровища. Един ден София се разхождаше както обикновено, когато се натъкна на група хора, събрани около нещо. Когато се приближила, разбрала, че всички гледат към един **бездомник,** който лежал на земята. Изглеждаше, че е в лошо състояние и не се движи. Без да се замисля повече, София се втурнала да му помогне. Извикала линейка и останала при него, докато пристигне помощ. Оказало се, че той просто имал нужда от храна и почивка, но **добрината на** София се превърнала в заглавие в целия град. От този момент нататък тя става известна като "пловдивския ангел". Годините минават, а София продължава да живее щастливо в Пловдив с приятелите си до себе си.

maakten. De graffiti op de muren, de vriendelijkheid
van de mensen ondanks hun omstandigheden... ze
besefte dat dit nu een van haar favoriete delen van
Plovdiv was. Elke dag vond Sofia meer en meer
redenen waarom ze van deze stad hield. Van de
verborgen schatten tot de levendige cultuur, er was
gewoon iets in Plovdiv dat als thuis aanvoelde. Sofia
woonde nu al een tijdje in Plovdiv, en ze was **blij** dat ze
het haar thuis kon noemen.

Ze hield van alles in de stad: de energie, de diversiteit,
de verborgen schatten. Op een dag was Sofia zoals
gewoonlijk op verkenning, toen ze een groep mensen
tegenkwam die zich ergens omheen hadden verzameld.
Toen ze dichterbij kwam, besefte ze dat ze allemaal
naar een **dakloze** man keken die op de grond lag. Hij
zag eruit alsof hij er slecht aan toe was en niet bewoog.
Zonder verder na te denken, haastte Sofia zich naar
hem toe om hem te helpen. Ze belde een ambulance
en bleef bij hem tot er hulp kwam. Het bleek dat hij
alleen wat te eten en te rusten nodig had, maar Sofia's
daad van **vriendelijkheid** haalde de krantenkoppen in
de hele stad. Vanaf dat moment werd ze bekend als de
"Engel van Plovdiv". De jaren gingen voorbij en Sofia
leefde nog steeds gelukkig in Plovdiv met haar vrienden
aan haar zijde.

Въпроси за разбиране

1. Какво мисли София за Пловдив, когато пристига за първи път?

2. Какво прави София, когато се натъква на бездомник в нужда?

3. Как се променя град Пловдив през годините?

4. Какво най-много харесва София в града?

5. Защо София решава да се премести в Пловдив?

6. Какво намира София, когато се отклонява от утъпкания път?

7. Какво мислят приятелите на София за преместването ѝ в Пловдив?

8. Какво мисли София за енергията на града?

9. Какво мисли София за скритите съкровища на града?

10. Какво мисли София за разнообразието в града?

Begrip vragen

1. Wat vindt Sofia van Plovdiv als ze hier voor het eerst komt?

2. Wat doet Sofia als ze een dakloze man in nood tegenkomt?

3. Hoe verandert de stad Plovdiv in de loop der jaren?

4. Wat vindt Sofia het leukst aan de stad?

5. Waarom besluit Sofia naar Plovdiv te verhuizen?

6. Wat vindt Sofia als ze van de gebaande paden afdwaalt?

7. Wat vinden Sofia's vrienden ervan dat ze naar Plovdiv verhuist?

8. Wat vindt Sofia van de energie van de stad?

9. Wat vindt Sofia van de verborgen schatten van de stad?

10. Wat vindt Sofia van de diversiteit van de stad?

На плажа

След изгрев слънце вълните са по-силни, а пясъкът над прилива е бял. Слизам на плажа и **се любувам на** морето и слънцето. Пръстите на краката ми усещат вдлъбнатините на раковините. Пясъкът е студен по пръстите ми. Усмихвам се и продължавам да вървя. Приливът е силен, затова трябва да внимавам да не ме завлече. Вървя покрай брега и се любувам на морето. Изгревът е **красив,** а вълните се разбиват. Чувствам се толкова спокойна. Стигам до едно място, където има скална издатина. Сядам и наблюдавам вълните. Водата е толкова синя, а небето е толкова **оранжево**. Чувствам се като в сън. Затварям очи и просто слушам вълните. Седя там дълго време, докато не чувам някой да ме вика по име.

Отварям очи и виждам майка ми да върви към мен. Лицето й е разтревожено. Усмихвам се и й махам, а тя **се успокоява**. "Чудех се къде си отишъл", казва тя. "Радвам се, че се наслаждаваш на плажа." Отговарям: "Да." "Толкова е красиво тук." "Знам", казва тя. "Когато бях на твоите години, постоянно идвах тук." "Наистина?" Питам я. "Да", отговаря тя. "Това е специално място." "Срещала ли си някога някой специален тук?" Питам. "Срещала съм",

Op het strand

Na zonsopgang zijn de golven luider en het zand boven de vloed is wit. Ik loop naar het strand en **bewonder** de zee en de zon. Mijn tenen voelen de groeven van schelpen. Het zand is koud aan mijn tenen. Ik glimlach en loop door. Het is vloed, dus ik moet oppassen dat ik er niet in word getrokken. Ik loop langs de waterkant en bewonder de zee. De zonsopgang is **prachtig**, en de golven beuken. Ik voel me zo vredig. Ik kom op een plek waar een rots uitsteekt. Ik ga zitten en kijk naar de golven. Het water is zo blauw en de lucht is zo **oranje**. Ik voel me alsof ik in een droom ben. Ik sluit mijn ogen en luister alleen maar naar de golven. Ik zat daar een hele tijd, tot ik iemand mijn naam hoorde roepen.

Ik open mijn ogen en zie mijn moeder naar me toe lopen. Ze heeft een bezorgde blik op haar gezicht. Ik glimlach en zwaai, en ze **ontspant zich**. "Ik vroeg me al af waar je was," zegt ze. "Ik ben blij dat je van het strand geniet." Ik antwoord: "Dat doe ik." "Het is hier zo mooi." "Ik weet het," zegt ze. "Ik kwam hier altijd toen ik zo oud was als jij." "Echt waar?" Vraag ik. "Ja," antwoordt ze. "Het is een speciale plek." "Heb je hier ooit een speciaal iemand ontmoet?" Vraag ik. "Ik wel," antwoordt ze met een glimlach. "Je vader." "Echt waar?" Zeg ik, **verbaasd**. "Ja," zegt ze. "We kwamen hier altijd

отговаря тя с усмивка. "Баща ти." "Наистина?" Казвам **изненадано**. "Да", казва тя. "Идвахме тук през цялото време заедно. Това е мястото, където се влюбихме. " Усмихвам се, като **си представям как** родителите ми се влюбват на този красив плаж. "Това е специално място", повтаря тя. "Радвам се, че дойдохте тук днес."

Седим там още известно време, **наблюдавайки** вълните и залеза. След това ставаме и се връщаме при плажните си кърпи. Аз лягам и гледам звездите. Чувствам се толкова щастлива и доволна. Вълните вече са по-силни, а пясъкът е студен. Слънцето залязва и духа хладен вятър. Вълните се разбиват в брега, а във въздуха се носи мирис на сол. Това е идеалната вечер за плаж. Разхождам се покрай брега, **слушам** шума на вълните и наблюдавам залеза. Виждам група хора, които седят на пясъка, смеят се и се шегуват. Изглеждат така, сякаш се забавляват. Отивам при тях и ги питам дали мога да се присъединя към тях. Те казват "да" и прекарваме остатъка от вечерта в разговори, смях и гледане на **залеза**. Това е една перфектна вечер. Аз и групата разговаряме, докато слънцето не залезе. Споделяме истории и вицове и всички се забавляваме чудесно. С настъпването на нощта всички започваме да се чувстваме уморени. Целуваме се за **довиждане** и се разделяме. Връщам се в хотела си, чувствайки се щастлив и доволен.

samen. Het is waar we verliefd werden. " Ik glimlach en **stel me voor hoe** mijn ouders verliefd werden op dit prachtige strand. "Het is een speciale plek," herhaalt ze. "Ik ben blij dat je hier vandaag bent."

We zitten daar nog een tijdje, **kijken naar** de golven en de zonsondergang. Dan staan we op en lopen terug naar onze strandhanddoeken. Ik ga liggen en kijk naar de sterren. Ik voel me zo gelukkig en tevreden. De golven zijn nu luider, en het zand is koud. De zon gaat onder en er waait een koel briesje. De golven beuken tegen de kust, en de geur van zout hangt in de lucht. Het is een perfecte avond om op het strand te zijn. Ik loop langs het strand, **luister** naar het geluid van de golven en kijk naar de zonsondergang. Ik zie een groep mensen op het zand zitten, lachend en grapjes makend. Ze zien eruit alsof ze het naar hun zin hebben. Ik loop naar ze toe en vraag of ik erbij mag komen zitten. Ze zeggen ja, en we brengen de rest van de avond door met praten, lachen en kijken naar de **zonsondergang**. Het is een perfecte avond. De groep en ik praten tot de zon ondergaat. We delen verhalen en grappen, en we hebben allemaal een geweldige tijd. Als de avond begint te vallen, beginnen we allemaal moe te worden. We kussen elkaar **vaarwel** en gaan uit elkaar. Ik loop terug naar mijn hotel en voel me gelukkig en tevreden.

Въпроси за разбиране

1. Къде отива разказвачът, след като се събужда?

2. На какво се възхищава разказвачът, докато се разхожда по плажа?

3. За какво трябва да внимава разказвачът, докато се разхожда по плажа?

4. Къде сяда разказвачът, за да се наслади на гледката?

5. Колко време разказвачът седи там?

6. Кого вижда разказвачът, когато отново отваря очи?

7. Какво казва майката на разказвача?

8. За какво си говорят разказвачът и хората, които среща?

Begrip vragen

1. Waar gaat de vertelster heen nadat ze wakker is geworden?

2. Wat bewondert de vertelster als ze langs het strand loopt?

3. Waar moet de vertelster op letten als ze langs het strand loopt?

4. Waar gaat de verteller zitten om van het uitzicht te genieten?

5. Hoe lang blijft de verteller daar zitten?

6. Wie ziet de verteller als ze haar ogen weer opent?

7. Wat zegt de moeder van de verteller?

8. Waar praten de verteller en de mensen die ze ontmoet over?

Къмпингуване край езерото

Вървя към езерото и **се любувам на** спокойствието на пейзажа. Слънцето огрява малкото езеро и кара водата да изглежда като стъклен лист. Единственото движение е от време на време, когато някоя риба **се размърда на** повърхността. Дори птиците сякаш си почиват от жегата, а въздухът се изпълва само със звука на цикади. **Изведнъж** спокойствието се нарушава от силен плясък. Голяма **риба** е изскочила от водата, опитвайки се да хване водно конче. Рибата улучава целта си и пада обратно във водата с плясък. "Уау," мисля си, "това беше голяма риба!". Огледах се, за да видя дали някой друг я е видял, но наоколо нямаше никой. Предполагам, че ще трябва да им кажа, когато се върна в лагера.

Горещината е **потискаща** и затруднява дишането. Въздухът е гъст и тежък, като одеяло, увито около вас. Единственото облекчение е във водата. Тя е хладна и освежаваща, като студена напитка в горещ ден. Поемам дълбоко въздух и се гмурвам във водата. Облекчението е незабавно, тъй като хладната вода ме обгръща. Плувам до дъното и после отново се издигам на повърхността, усещайки

Kamperen aan het meer

Ik loop naar het meer en **bewonder** de vredigheid van het tafereel. De zon schijnt op het meertje, waardoor het water een glazen plaat lijkt. De enige beweging is af en toe een rimpeling van een vis **die** het wateroppervlak breekt. Zelfs de vogels lijken een pauze te nemen van de hitte, met alleen het geluid van cicaden die de lucht vullen. **Plotseling** wordt de rust verbroken door een luide plons. Een grote **vis** is uit het water gesprongen, in een poging een libel te vangen. De vis mist zijn doel en valt met een plons terug in het water. "Wow," denk ik bij mezelf, "dat was een grote vis!." Ik keek om me heen om te zien of iemand anders hem had gezien, maar er was niemand in de buurt. Ik denk dat ik het ze zal moeten vertellen als ik terug ben in het kamp.

De hitte is **drukkend**, waardoor het moeilijk is om te ademen. De lucht is dik en zwaar, als een deken om je heen gewikkeld. De enige verlichting is in het water. Het is koel en verfrissend, als een koud drankje op een warme dag. Ik haal diep adem en duik in het water. De opluchting is onmiddellijk als het koele water me omringt. Ik zwem naar de bodem en dan weer naar de oppervlakte, terwijl ik voel hoe het water mijn lichaam

как водата охлажда тялото ми. Продължавам да **плувам** в кръг, наслаждавайки се на почивката от жегата. След известно време излизам от водата и лягам на тревата, за да изсуша тялото си на слънце. Затварям очи и се унасям в сън, а звукът на **цикадите** ме приспива дълбоко. Оставям слънцето да изпече водата от кожата ми. Усещам как кожата ми се зачервява, но не ми пука. Прекалено ми е горещо, за да ми пука.Следващото нещо, което си спомням, е, че слънцето залязва. Небето е красиво оранжево, с розови и лилави ивици. Горещината изчезна, заменена от хладен **бриз**.

Ставам и се обличам, чувствам се освежена и подмладена. **Вдишвам** дълбоко хладния въздух и се усмихвам. Чувствам се добре, че съм жива. Връщам се към лагера, като се любувам на танца на цветовете в небето. В далечината виждам горящия лагерен огън и усещам дима във въздуха. Усмихвам се и **ускорявам** крачка. Готов съм да се отпусна и да се насладя на остатъка от вечерта. Влизам в лагера и виждам, че всички са се събрали около огъня. **Смеят се** и се шегуват, а аз виждам как огънят се отразява в очите им. Усмихвам се и сядам до приятелите си. Хубаво е да се върна. На следващата сутрин се събуждам рано и започвам да събирам нещата си. Нямам търпение да се върна на пътеката и да продължа пътуването си. Сбогувам се с приятелите си и започвам да си тръгвам.

afkoelt. Ik blijf baantjes trekken en geniet van de afkoeling van de hitte. Na een tijdje kom ik uit het water en ga op het gras liggen, zodat de zon mijn lichaam kan drogen. Ik sluit mijn ogen en val in slaap, het geluid van de **cicaden** brengt me in een diepe slaap. Ik laat de zon het water uit mijn huid bakken. Ik voel dat mijn huid rood wordt, maar dat kan me niet schelen. Ik heb het te warm om me zorgen te maken. Het volgende dat ik weet, is dat de zon ondergaat. De lucht is prachtig oranje, met roze en paarse strepen. De hitte is weg, vervangen door een koel **briesje**.

Ik sta op en trek mijn kleren weer aan. Ik voel me verfrist en verjongd. Ik haal diep **adem** uit de koele lucht en glimlach. Het voelt goed om te leven. Ik loop terug naar de camping en bewonder de manier waarop de kleuren in de lucht dansen. In de verte zie ik het kampvuur branden, en ik ruik de rook in de lucht. Ik glimlach en **versnel** mijn pas. Ik ben klaar om te ontspannen en te genieten van de rest van mijn avond. Ik loop de camping op en zie dat iedereen rond het vuur zit. Ze **lachen** en maken grapjes, en ik kan het vuur in hun ogen zien weerkaatsen. Ik glimlach en ga naast mijn vrienden zitten. Het is goed om terug te zijn. De volgende ochtend sta ik vroeg op en begin mijn spullen in te pakken. Ik sta te popelen om weer op pad te gaan en mijn reis voort te zetten. Ik neem afscheid van mijn vrienden en begin weg te lopen.

Въпроси за разбиране

1. Къде отива пешеходецът?

2. Какво е времето?

3. Как изглежда водата?

4. Как пешеходецът реагира на топлината?

5. Какво прави рибата?

6. Защо пешеходецът е сам?

7. Какво е усещането за водата?

8. Как се чувства пешеходецът след плуване?

9. По кое време на денонощието се събужда пешеходецът?

10. Къде отива пешеходецът, когато напуска лагера?

Begrip vragen

1. Waar gaat de wandelaar heen?

2. Wat voor weer is het?

3. Hoe ziet het water eruit?

4. Hoe reageert de wandelaar op de hitte?

5. Wat doet de vis?

6. Waarom is de wandelaar alleen?

7. Hoe voelt het water aan?

8. Hoe voelt de wandelaar zich na het zwemmen?

9. Hoe laat is het als de wandelaar wakker wordt?

10. Waar gaat de wandelaar heen als hij het kamp verlaat?

Къщата

Миналата седмица се преместих в новата си къща и съм толкова **развълнувана**! Тя е много по-голяма от старата ми и има голям двор. Нямам търпение да поканя приятели на барбекю и партита. **Любимата** ми част е новата ми спалня. Тя е толкова голяма и светла и имам много място, където да сложа всичките си вещи. Много съм доволна от новата си къща и мисля, че ще бъда много щастлива тук. Реших да разгледам къщата още малко. Качих се на втория етаж и започнах да си проправям път към кухнята, когато видях голям черен паяк на стената! Изкрещях и побягнах надолу. Бях толкова **уплашена**! Но след няколко минути се успокоих и реших да се върна на горния етаж. Бавно стигнах до кухнята и видях, че паякът го няма. Бях толкова облекчена! Върнах се долу и реших да изляза навън, за да разгледам **задния двор**. Беше толкова голям! Не можех да повярвам. Видях люлка в ъгъла и пързалка. Видях и баскетболна мрежа и **батут**. Бях толкова развълнувана!

Нямам търпение да използвам всички тези нови неща. **Съседите** дойдоха и се представиха. Изглеждаха много мили и си поговорихме известно време. Поканиха ме на барбекюто си следващия уикенд и аз казах, че с удоволствие ще дойда.

Het Huis

Ik ben vorige week in mijn nieuwe huis getrokken, en ik ben zo **opgewonden**! Het is zoveel groter dan mijn oude, en het heeft een grote achtertuin. Ik kan niet wachten om vrienden uit te nodigen voor BBQ's en feestjes. Mijn **favoriete** deel is mijn nieuwe slaapkamer. Hij is zo groot en licht, en ik heb veel ruimte om al mijn spullen op te bergen. Ik ben echt blij met mijn nieuwe huis en ik denk dat ik hier heel gelukkig zal zijn. Ik besloot om het huis nog wat verder te verkennen. Ik ging naar boven naar de tweede verdieping en ging op weg naar de keuken toen ik een grote zwarte spin op de muur zag! Ik gilde en rende naar beneden. Ik was zo **bang**! Maar na een paar minuten was ik gekalmeerd en besloot ik terug naar boven te gaan. Ik ging langzaam naar de keuken en zag dat de spin weg was. Ik was zo opgelucht! Ik ging terug naar beneden en besloot naar buiten te gaan om de **achtertuin te verkennen**. Hij was zo groot! Ik kon het niet geloven. Ik zag een schommel in de hoek en een glijbaan. Ik zag ook een basketbalnet en een **trampoline**. Ik was zo opgewonden!

Ik kan niet wachten om al deze nieuwe spullen te gebruiken. De **buren** kwamen langs en stelden zich voor. Ze leken erg aardig, en we hebben een tijdje gepraat. Ze nodigden me uit voor hun BBQ volgend weekend, en ik zei dat ik graag zou komen. Ik had een

Първата седмица в новата ми къща беше страхотна и се вълнувам от всички нови приключения, които ми предстоят. Днес ще отида отново да изследвам задния двор и ще видя какво още мога да намеря. Кой знае, може би дори ще намеря някакво **съкровище**. Нямам търпение да видя какво ще ми донесе следващата седмица! На следващата седмица отново отидох да изследвам в задния двор и открих **тайна** градина. Тя беше толкова красива! Навсякъде имаше цветя и малко езерце с рибки. Видях и една люлка, която не бях виждала преди. Бях толкова развълнувана да открия тази тайна градина и нямам търпение да я изследвам повече. Беше толкова **красива**!

Навсякъде имаше цветя и малко езерце с рибки. Видях и една люлка, която не бях виждал преди. Бях толкова развълнувана да открия тази тайна градина и нямам търпение да я изследвам повече. Новата ми стая също ми хареса. Тя беше толкова голяма и светла, а по стените вече имаше плакати на любимите ми групи. Дори не ми се наложи да си нося собствени **мебели,** защото тук вече имаше легло, скрин и бюро. Това ще бъде най-хубавата година! Бях малко притеснена, че започвам в ново **училище,** но всичките ми нови съседи са толкова дружелюбни. Дори се запознах с едно момиче, което живее в съседство, и то каза, че ще ходи с мен на училище през първия ми ден.

geweldige eerste week in mijn nieuwe huis, en ik ben opgewonden over alle nieuwe avonturen die in het verschiet liggen. Vandaag ga ik weer op verkenning in de achtertuin en kijken wat ik nog meer kan vinden. Wie weet, misschien vind ik wel een **schat**. Ik kan niet wachten om te zien wat de volgende week brengt!
De volgende week ging ik weer op verkenning in de achtertuin, en ik vond een **geheime** tuin. Het was zo mooi! Er waren overal bloemen en een kleine vijver met vissen erin. Ik zag ook een schommel die ik nog niet eerder had gezien. Ik was zo opgewonden toen ik deze geheime tuin vond, en ik kan niet wachten om hem verder te verkennen. Het was zo **mooi**!

Er waren overal bloemen en een kleine vijver met vissen erin. Ik zag ook een **schommel** die ik nog niet eerder had gezien. Ik was zo opgewonden toen ik deze geheime tuin vond, en ik kan niet wachten om hem verder te verkennen. Ik vond mijn nieuwe kamer ook geweldig. Hij was zo groot en licht, en er hingen al posters van mijn favoriete bands aan de muur. Ik hoefde niet eens mijn eigen **meubels** mee te nemen, want er stonden al een bed, een dressoir en een bureau. Dit wordt het beste jaar ooit! Ik was een beetje nerveus om op een nieuwe **school** te beginnen, maar al mijn nieuwe buren zijn zo vriendelijk. Ik heb zelfs een meisje ontmoet dat naast me woont, en ze zegt dat ze op mijn eerste dag met me naar school zal lopen.

Въпроси за разбиране

1. Къде живее лицето?

2. Как му харесва в новата къща?

3. Коя е любимата част на човека в новата къща?

4. Какво е намерил човекът в градината?

5. Кои са съседите?

6. Как се е чувствал човекът през първите дни в новата къща?

7. Коя е любимата част на човека в новата стая?

8. Какво планира да прави човекът утре?

9. Коя е най-хубавата част от първата седмица на човека в новата къща?

10. Какво има в новата стая на човека?

Begrip vragen

1. Waar woont de persoon?

2. Hoe vindt de persoon het in het nieuwe huis?

3. Wat is het favoriete deel van het nieuwe huis van de persoon?

4. Wat heeft de persoon in de tuin gevonden?

5. Wie zijn de buren?

6. Hoe voelde de persoon zich de eerste dagen in het nieuwe huis?

7. Wat is het favoriete deel van de nieuwe kamer van de persoon?

8. Wat is de persoon van plan morgen te doen?

9. Wat was het beste deel van de eerste week van de persoon in het nieuwe huis?

10. Wat is er allemaal in de nieuwe kamer van de persoon?

Във влака

Тръгнах към гарата, но закъснях. Влакът вече беше тръгнал без мен. Чувствах се толкова **ядосана** и **разочарована от** себе си. Бях планирала да отида с влака на гости на баба ми и дядо ми, които живеят в провинцията, но сега трябваше да чакам цял час за следващия влак. Вместо това реших да се поразходя малко из града и се опитах да забравя за пропуснатата възможност. Докато се разхождах, започнах да **си мечтая** за всички места, на които могат да те отведат **влаковете.** Изведнъж вече не бях толкова разстроен. Върнах се на гарата и не можах да не забележа големия червено-бяло-син локомотив, който си проправяше път към мен. Едва когато виждам **кондуктора да** ми маха от прозореца, разбирам, че този влак е за мен. Качвам се на влака и си намирам място, като се настанявам за това, което обещава да бъде дълго пътуване.

Докато излизаме от гарата, не мога да не се запитам къде ще ме отведе този влак. През зелени **поля** и сини реки, покрай планини и долини, не се знае къде ще отиде този стар влак. Когато нощта започва да се спуска, аз заспивам **спокоен** сън, приспиван от **ритмичното** движение на вагоните по релсите долу. Когато утрото отново настъпва, отварям очи

In de trein

Ik rende naar het treinstation, maar ik was te laat.
De trein was al vertrokken zonder mij. Ik voelde me
zo **boos** en **teleurgesteld** in mezelf. Ik was van plan
om met de trein naar mijn grootouders te gaan die
op het platteland wonen, maar nu moest ik een heel
uur wachten op de volgende trein. Ik besloot in plaats
daarvan een eindje door de stad te lopen en probeerde
mijn gemiste kans te vergeten. Terwijl ik liep, begon
ik **te dagdromen** over alle plaatsen waar **treinen** je
kunnen brengen. Plotseling was ik niet meer zo van
streek. Ik liep terug naar het station en zag de grote
rood-wit-blauwe locomotief die op me af kwam rijden.
Pas als ik de **conducteur** vanuit het raam naar me zie
zwaaien, realiseer ik me dat deze trein voor mij is. Ik
stap in de trein en zoek een zitplaats. Ik ga zitten voor
wat een lange reis belooft te worden.

Terwijl we het station uitrijden, vraag ik me af waar deze
trein me heen zal brengen. Door groene **velden** en over
blauwe rivieren, langs bergen en valleien, het is niet
te zeggen waar deze oude trein heen zal gaan. Als de
nacht begint te vallen, drijf ik weg in een **vredige** slaap,
gewiegd door de **ritmische** beweging van de wagons
op de sporen beneden. Als het weer ochtend wordt,
open ik mijn ogen en zie dat we in een klein stadje

и откривам, че сме пристигнали в малко градче някъде в средата на нищото. Слънцето току-що е надникнало над хоризонта, когато местните жители започват да се разхождат по главната улица; тук денят изглежда като всеки друг, с изключение на едно нещо - в близост до кметството има голям надпис "Добре дошли на борда!" Изглежда, че това градче ни е очаквало, въпреки че сме просто обикновен **пътнически** влак, който минава по пътя си на друго място. Когато отново оставяме градчето зад гърба си и се отправяме кой знае накъде, се усмихвам на всички приятелски настроени лица, които махат за довиждане от малките къщички, сгушени сред **земеделските земи -** наистина е невероятно как нещо толкова обикновено може да донесе толкова много радост само с преминаването си. И тогава, разбира се, има **деца**.

Навеждам се през прозореца на локомотива си. Те винаги ме карат да се чувствам толкова щастлив с блестящите си очи и широките си усмивки. Махнах им енергично в отговор, преди да се върна в **кабината** си и да седна. Денят вече беше дълъг, но все още не е приключил; има още няколко часа, докато достигнем **крайната** си **дестинация**. Изваждам книгата си и започвам да чета, оставяйки се ритмичното люлеене на влака да ме приспи в спокойно състояние.

ergens in niemandsland zijn aangekomen. De zon komt net boven de horizon als de plaatselijke bevolking zich in de hoofdstraat begint te mengen; het ziet er hier uit als elke andere dag, behalve één ding - er hangt een groot bord bij het stadhuis met de tekst "Welkom aan boord!" Het lijkt erop dat dit stadje ons verwacht, ook al zijn we maar een gewone passagierstrein op doorreis naar elders. Terwijl we de stad weer achter ons laten, op weg naar wie weet waar, glimlach ik om al die vriendelijke gezichten die ons uitzwaaien vanuit die kleine huisjes tussen **het boerenland -** het is echt verbazingwekkend hoe iets dat zo gewoon lijkt, zoveel vreugde kan brengen door er gewoon langs te rijden. En dan, natuurlijk, zijn er de **kinderen**.

Ik leun uit het raam van mijn locomotief. Ze maken me altijd zo blij met hun stralende ogen en grote grijnzen. Ik zwaai energiek naar ze terug voordat ik terugga naar mijn **cabine** en ga zitten. Het was al een lange dag, maar hij is nog niet voorbij; het duurt nog een paar uur voordat we onze **eindbestemming** bereiken. Ik pak mijn boek en begin te lezen, terwijl het ritmische schommelen van de trein me in een vredige toestand brengt.

Въпроси за разбиране

1. Къде отива влакът?

2. Кой пътува във влака?

3. Кога тръгва влакът?

4. Как главният герой се качва на влака?

5. Откъде идва влакът?

6. Къде ще пътува влакът?

7. Кога са пристигнали пътниците?

8. Как се чувства главният герой, когато изпуска влака?

9. Как реагира машинистът на влака, когато вижда главния герой?

10. Защо главният герой харесва влаковете?

Begrip vragen

1. Waar gaat de trein heen?

2. Wie reist er met de trein?

3. Wanneer vertrekt de trein?

4. Hoe komt de hoofdpersoon op de trein?

5. Waar komt de trein vandaan?

6. Waar gaat de trein nu heen?

7. Wanneer zijn de passagiers aangekomen?

8. Hoe voelt de hoofdpersoon zich als hij de trein mist?

9. Hoe reageert de treinmachinist als hij de hoofdpersoon ziet?

10. Waarom houdt de hoofdpersoon van treinen?

Готвене на вечеря

Вече е 17:00 ч. и се прибирам от работа. Очаквам с **нетърпение да прекарам една** спокойна вечер у дома с партньора си. Ще приготвим вечеря заедно и след това просто ще се отпуснем до края на нощта. Чувствам се добре да знам, че нямам никакви планове или задължения тази **вечер**. Пристигам вкъщи, а партньорът ми вече е в кухнята и започва да приготвя вечерята ни. Тук ухае **невероятно!** Разговаряме, докато готвим, наваксваме за дните си и споделяме малки истории от професионалния си живот. Кухнята е любимата ми стая в нашия апартамент. Обичам да готвя и особено обичам да готвя с партньора си. Винаги си прекарваме толкова добре тук, смеем се и се шегуваме, докато готвим като буря. Освен това храната винаги е **невероятна,** когато работим **заедно**.

Тази вечер приготвяме една от най-любимите ми рецепти: **пиле по** пармезан. Партньорът ми започва с панирането на пилето, докато аз приготвям соса на **котлона**. Работим заедно като добре смазана машина и не след дълго вечерята е готова за сервиране. Сядаме на малката ни кухненска маса с **чинии,** отрупани с пилешки пармезан, паста и салата. Щракваме чаши и отхапваме първата

Diner koken

Het is nu 5 uur 's middags en ik loop van mijn werk naar huis. Ik kijk **uit** naar een rustige avond thuis met mijn partner. We zullen samen eten koken en dan de rest van de avond ontspannen. Het voelt goed om te weten dat ik deze **avond** geen plannen of verplichtingen heb. Ik kom thuis en mijn partner is al in de keuken om ons eten klaar te maken. Het ruikt hier geweldig! We kletsen terwijl we koken, praten bij over elkaars dagen en delen kleine verhalen uit ons werkleven. De keuken is mijn favoriete kamer in ons appartement. Ik hou van koken, en vooral van koken met mijn partner. We hebben het hier altijd zo gezellig, we lachen en maken grapjes terwijl we koken. En het eten is altijd **heerlijk** als we **samenwerken**.

Vanavond maken we een van m'n lievelingsrecepten: Parmezaanse kip. Mijn partner begint met het paneren van de kip, terwijl ik de saus op het **fornuis** laat pruttelen. We werken samen als een goed geoliede machine en al snel is het eten klaar om op te dienen. We gaan aan onze kleine keukentafel zitten met **borden** vol met Parmezaanse kip, pasta en salade. We klinken op de glazen en nemen onze eerste hap, en het is **hemels**! De kip is knapperig van buiten maar sappig van binnen; de saus is smaakvol en perfect;

хапка - и тя е **божествена**! Пилето е хрупкаво отвън, но сочно отвътре; сосът е ароматен и перфектен; пастата е приготвена ал денте... всичко има абсолютно съвършен вкус тази вечер. И двамата знаем, че това е една от онези вечери, в които всичко се е събрало перфектно, докато **се наслаждаваме на** всяка хапка от вкусното ястие. Вкусът беше дори по-добър, отколкото миришеше - а той беше адски добър! Приключваме с храната сравнително бързо, тъй като никой от нас не е особено гладен днес, но не бързаме да се наслаждаваме на още няколко **чаши** вино, докато разговаряме леко на тази и онази тема. След вечерята се прибираме бързо заедно и се преместваме във всекидневната, където прекарваме известно време, **гушкайки се на** дивана, докато гледаме телевизия.

Чувствам се толкова приятно, когато сме близо един до друг след дълъг **работен** ден. Чувствам се доволна. Въпреки че нямахме наситена вечер, беше хубаво просто да прекараме известно време заедно, без да се налага да излизаме от къщи. Гледахме филм и си легнахме рано, като се чувствахме **удовлетворени от** обикновената ни вечер. Това се превърна в едно от **любимите** ни неща, които правим вечер, когато не искаме да излизаме - просто се отпускаме у дома и се наслаждаваме на компанията си на домашно приготвена храна.

de pasta is al dente gekookt... alles smaakt absoluut perfect vanavond. We weten allebei dat dit een van die avonden was waarop alles perfect samenkwam en we **genieten van** elke laatste hap van onze heerlijke maaltijd. Het smaakte nog beter dan het rook, en dat was verdomd goed! We eten relatief snel, omdat geen van ons beiden vandaag honger heeft, maar we nemen de tijd om nog een paar **glazen** wijn te drinken terwijl we luchtig kletsen over van alles en nog wat. Na het eten ruimen we snel samen op en gaan dan naar de woonkamer, waar we een poosje **knuffelen** op de bank terwijl we TV kijken.

Het voelt zo fijn om dicht bij elkaar te zijn na een lange dag apart **werken**. Ik voel me voldaan. Ook al hadden we geen avond vol belevenissen, het was fijn om gewoon wat tijd met elkaar door te brengen zonder het huis uit te hoeven. We keken een film en gingen vroeg naar bed, met een **voldaan** gevoel over onze eenvoudige avond. Dit is een van onze **favoriete** dingen geworden om te doen op avonden dat we niet uit willen gaan - gewoon thuis ontspannen en genieten van elkaars gezelschap tijdens een zelfgekookte maaltijd.

Въпроси за разбиране

1. Откъде идва разказвачът?

2. Какво прави разказвачът след работа?

3. Какво яде разказвачът за вечеря?

4. Защо разказвачът харесва кухнята?

5. Какво ястие приготвя двойката?

6. Как се чувства разказвачът в края на вечерта?

7. Кое е любимото занимание на двойката?

8. Какво прави двойката, когато се умори?

9. Къде спят?

10. Защо разказвачът обича да си стои вкъщи?

Begrip vragen

1. Waar komt de verteller vandaan?

2. Wat doet de verteller na het werk?

3. Wat eet de verteller als avondeten?

4. Waarom houdt de verteller van de keuken?

5. Wat voor gerecht kookt het stel?

6. Hoe voelt de verteller zich aan het eind van de avond?

7. Wat is het favoriete ding van het koppel om te doen?

8. Wat doet het stel als ze moe worden?

9. Waar slapen ze?

10. Waarom blijft de verteller graag thuis?

Разходка до дома

Беше **спокойна** нощ, когато се прибирах от работа. Докато вървях, не можех да не се усмихна на спомените си. Чувствах се добре да се върна в стария си квартал. Махнах на няколко познати и те ми махнаха в отговор. Беше хубаво да съм си у дома. Минах покрай старото си училище и **си спомних** всички хубави моменти, които изживях с приятелите си. Винаги се прибирахме заедно и разказвахме за деня си. **Понякога** спирахме да си купим сладолед или отивахме в парка. Това бяха най-хубавите моменти. Липсват ми тези времена. Но сега имам собствено семейство и съм щастлива от живота си. Радвам се, че мога да погледна назад към тези спомени и да се усмихна. Те са част от живота ми, която винаги ще ценя. Това бяха най-хубавите времена. Липсват ми тези времена. Но сега имам собствено семейство и съм щастлив от живота си. Радвам се, че мога да погледна назад към тези **спомени** и да се усмихна. Те са част от живота ми, която винаги ще ценя.

Продължавам да вървя, мислейки си за хубавите моменти, които изживях с приятелите си. Знам, че скоро ще ги видя отново. Тръгвам към дома си и решавам да се разходя из близкия парк. Слънцето

Walking Home

Het was een **rustige** avond toen ik van mijn werk naar huis liep. Terwijl ik liep, kon ik niet anders dan glimlachen bij de herinneringen. Het voelde goed om terug in mijn oude buurt te zijn. Ik zwaaide naar een paar mensen die ik kende, en zij zwaaiden terug. Het was goed om thuis te zijn. Ik liep langs mijn oude school en **herinnerde me** alle leuke tijden die ik had met mijn vrienden. We liepen altijd samen naar huis en praatten over onze dag. **Soms** stopten we om een ijsje te halen of gingen we naar het park. Dat waren de beste tijden. Ik mis die tijden. Maar nu heb ik mijn eigen familie en ik ben blij met mijn leven. Ik ben blij dat ik op die herinneringen kan terugkijken en glimlachen. Ze zijn een deel van mijn leven dat ik altijd zal koesteren. Dat waren de beste tijden. Ik mis die tijden. Maar nu heb ik mijn eigen familie en ben ik gelukkig met mijn leven. Ik ben blij dat ik kan terugkijken op die **herinneringen** en kan glimlachen. Ze zijn een deel van mijn leven dat ik altijd zal koesteren.

Ik blijf lopen, denkend aan de goede tijden die ik had met mijn vrienden. Ik weet dat ik ze snel weer zal zien. Ik ga richting mijn huis en besluit door een park in de buurt te lopen. De zon gaat onder en de lucht kleurt **prachtig** oranje. Het park is leeg, behalve een

залязва и небето придобива **красив** оранжев цвят. Паркът е пуст, с изключение на няколко птички, които чуруликат по дърветата. Поемам си дълбоко **въздух** и се усмихвам. Докато се разхождам из парка, виждам падаща звезда, която се разстила по небето. Пожелавам си нещо за тази звезда и продължавам да вървя. Мисля си за работния си ден и за това колко **спокоен** беше той. Усмихвам се на себе си, мислейки си колко съм щастлива, че имам такава страхотна работа. Вървя към вкъщи, **усещайки** хладния нощен въздух по кожата си. Чувствам се толкова жива и щастлива, наслаждавайки се на простото ходене до вкъщи в една спокойна нощ. Чувствах се толкова добре, че започнах да **си подсвирквам**. Минах покрай няколко души на улицата, но всички се занимаваха със собствените си работи.

Завих зад ъгъла на моята улица и видях котарака на съседите ми, господин Уискърс, да седи на верандата ми. Поздравих го, а той мяукаше в отговор. **Отключих** вратата и влязох вътре. Бях толкова щастлива, че съм си у дома. Събух си обувките и се приготвих за лягане. Тази нощ си легнах с чувство на щастие и благодарност, а сърцето ми беше пълно с любов. Спах спокойно през цялата нощ, без да се притеснявам за нищо. Събудих се от спокоен сън и бях **посрещнат от** слънцето, което грееше през прозореца ми.

paar vogels die in de bomen tjilpen. Ik haal diep **adem** en glimlach. Terwijl ik door het park loop, zie ik een vallende ster door de lucht scheren. Ik doe een wens op die ster, en loop verder. Ik denk aan mijn dag op het werk en hoe **vredig** het was. Ik glimlach in mezelf, denkend aan hoe gelukkig ik ben dat ik zo'n geweldige baan heb. Ik loop naar huis en **voel** de koele nachtlucht op mijn huid. Ik voel me zo levendig en gelukkig, gewoon genietend van de eenvoudige handeling van het naar huis lopen op een vredige avond. Ik voelde me zo goed, dat ik begon te **fluiten**. Ik liep langs een paar mensen op straat, maar ze bemoeiden zich allemaal met hun eigen zaken.

Ik draaide de hoek van mijn straat om en zag de kat van mijn buren, Mr. Whiskers, op mijn veranda zitten. Ik zei hem gedag en hij miauwde terug. Ik **deed** mijn deur **van het slot** en ging naar binnen. Ik was zo blij om thuis te zijn. Ik trok mijn schoenen uit en maakte me klaar om naar bed te gaan. Ik ging die avond naar bed met een blij en dankbaar gevoel, mijn hart vol liefde. Ik sliep de hele nacht rustig door, zonder me ergens zorgen over te maken. Ik werd wakker uit een rustgevende slaap en werd **begroet** door de zon die door mijn raam naar binnen scheen.

Въпроси за разбиране

1. Какво е правил главният герой, когато историята е започнала?

2. За какво си мисли героят, когато се прибира вкъщи?

3. Какво е правил главният герой с приятелите си след училище?

4. Какво липсва на героя от онези времена?

5. Какво мисли главният герой за настоящия си живот?

6. Какво прави главният герой, когато вижда падаща звезда?

7. Как се чувства главният герой, когато се прибира вкъщи?

8. Какво прави главният герой, когато се прибира у дома?

9. Как се чувства главният герой, когато се събужда на следващата сутрин?

10. Какво прави главният герой на следващия ден?

Begrip vragen

1. Wat was de hoofdpersoon aan het doen toen het verhaal begon?

2. Waar dacht de hoofdpersoon aan toen hij naar huis liep?

3. Wat deed de hoofdpersoon vroeger met vrienden na school?

4. Wat mist de hoofdpersoon van die tijd?

5. Wat vindt de hoofdpersoon van zijn huidige leven?

6. Wat doet de hoofdpersoon als hij een vallende ster ziet?

7. Hoe voelt de hoofdpersoon zich als ze naar huis lopen?

8. Wat doet de hoofdpersoon als ze thuiskomen?

9. Hoe voelt de hoofdpersoon zich als hij de volgende ochtend wakker wordt?

10. Wat doet de hoofdpersoon de volgende dag?

Замъкът

Семейството винаги е искало да посети старинен замък в **Германия** и най-накрая предприема това пътуване. Те не бяха **разочаровани**. Замъкът беше красив и те с удоволствие разгледаха многобройните му стаи и коридори. Първото нещо, което ги порази, беше миризмата. Откриха **мухъл**, влага и още нещо, което не можаха да открият. Второто нещо беше звукът. Каменните стени са дебели, но не заглушават звука напълно. Чуваха всяка крачка, всяка дума, изречена с нормален глас, и от време на време капката вода **някъде в** далечината. Когато очите им се приспособиха към слабата светлина, видяха масивните каменни стени, които се извисяваха около тях, а гоблените висяха от тях на **разкъсани** парчета. Стояха в огромна зала с висок таван, поддържан от издълбани колони. Хареса им и гледката от кулите, а децата се забавляваха, тичайки из терена. **Слънцето** беше започнало да залязва, когато приключиха с разглеждането на замъка, и те съжалиха, че не са взели **фенерче**. Решиха да се върнат до входа, но скоро се изгубиха. Лутаха се наоколо с часове, докато накрая се натъкнаха на врата, която водеше навън. Продължиха, докато **стигнаха до** края на коридора и се озоваха пред внушителна двойна

Het kasteel

De familie had altijd al eens een oud kasteel in
Duitsland willen bezoeken, en eindelijk hebben ze
de reis gemaakt. Ze werden niet **teleurgesteld**. Het
kasteel was prachtig, en ze genoten van het verkennen
van de vele kamers en gangen. Het eerste wat hen
trof was de geur. Ze vonden **schimmel**, vochtigheid,
en iets anders waar ze hun vinger niet op konden
leggen. Het tweede was het geluid. Stenen muren
zijn dik, maar ze dempen het geluid niet volledig.
Ze hoorden elke voetstap, elk woord dat met een
normale stem werd gesproken, en af en toe een
druppeltje water **ergens** in de verte. Toen hun ogen
zich aanpasten aan het zwakke licht, zagen zij overal
om hen heen massieve stenen muren opdoemen,
waaraan wandtapijten in flarden hingen. Ze stonden in
een enorme hal met een hoog plafond, ondersteund
door gebeeldhouwde pilaren. Ze hielden ook van het
uitzicht vanaf de torentjes, en de kinderen vermaakten
zich met rondrennen over het terrein. De **zon** begon
al onder te gaan tegen de tijd dat ze klaar waren met
het verkennen van het kasteel, en ze betreurden
het dat ze geen **zaklamp** hadden meegenomen. Ze
besloten om terug te gaan naar de ingang, maar al
snel waren ze verdwaald. Ze dwaalden urenlang rond,
tot ze eindelijk een deur tegenkwamen die naar buiten

врата. Колкото и да се опитват, вратите не се отварят. Те дрънчат **зловещо,** но не помръдват и на сантиметър. Изглеждаше така, сякаш който и да е бил тук преди, трябва да е минал оттук и да ги е заключил отвътре. В крайна сметка намират изход. Обхвана ги облекчение, когато излязоха на хладния нощен въздух.

Слънцето беше започнало да залязва и те **съжалиха,** че не са взели фенерче. Решиха да се върнат до входа, но скоро се изгубиха. В продължение на часове се лутаха, докато най-накрая се натъкнаха на врата, която водеше **навън**. Излязоха с облекчение навън, нахлувайки в хладния нощен въздух. На следващата вечер те се увериха, че са взели фенерче със себе си, докато изследват останалата част от замъка. Минаха през **двора** и се спуснаха към реката, която течеше зад стените на **замъка.** Докато обикаляха, започнаха да чуват странни звуци. Сякаш някой ги следеше. Те ускориха крачка, но шумовете ставаха все по-силни и по-близки. Семейството побягнало обратно към замъка, колкото можело по-бързо, и с облекчение видяло, че фигурата в **тъмното** наметало не ги е последвала.

leidde. Ze liepen door tot ze **aan het** eind van de gang kwamen bij een imposant stel dubbele deuren. Hoe ze ook probeerden, de deuren wilden niet bewegen. Ze rammelden **onheilspellend**, maar bewogen geen centimeter. Het leek erop dat degene die hier eerder was, hier doorheen was gegaan en ze van binnenuit had afgesloten. Uiteindelijk vinden ze een uitweg. Opluchting overspoelde hen toen ze naar buiten stapten in de koele nachtlucht.

De zon begon onder te gaan en zij **betreurden het** dat zij geen zaklamp hadden meegenomen. Ze besloten terug te gaan naar de ingang, maar al gauw waren ze verdwaald. Ze dwaalden urenlang rond, tot ze eindelijk een deur tegenkwamen die **naar buiten** leidde. Opluchting overviel hen toen ze naar buiten stapten in de koele nachtlucht. De volgende avond namen ze een zaklamp mee om de rest van het kasteel te verkennen. Ze liepen over de **binnenplaats** en naar de rivier die achter de kasteelmuren stroomde. Terwijl ze rondliepen, begonnen ze vreemde geluiden te horen. Het klonk alsof iemand hen volgde. Ze versnelden hun pas, maar de geluiden werden luider en dichterbij. De familie rende zo snel als ze konden terug naar het kasteel, en ze waren opgelucht toen ze zagen dat de figuur in de **donkere** mantel hen niet was gevolgd.

Въпроси за разбиране

1. Какво направи семейството, когато се изгуби в замъка?

2. Как се е почувствало семейството, когато е разбрало, че това е просто местен човек?

3. Какво е направил човекът, заради което е бил арестуван?

4. Каква е присъдата за този човек?

5. Какъв шум е чуло семейството, докато се е разхождало?

6. Къде е била фигурата в тъмното наметало, когато семейството я е видяло?

7. Какво направи семейството, когато се прибра в стаята си?

8. Кога семейството отново отиде да разгледа замъка?

9. Кое е онова нещо, което семейството не може да открие?

10. Какво направи семейството, преди да тръгне отново да разглежда замъка?

Begrip vragen

1. Wat deed de familie toen ze verdwaald waren in het kasteel?

2. Hoe voelde de familie zich toen ze erachter kwamen dat het gewoon een lokale man was?

3. Wat heeft de man gedaan waardoor hij gearresteerd is?

4. Wat was de straf voor de man?

5. Welk geluid hoorde de familie tijdens de wandeling?

6. Waar was de figuur in de donkere mantel toen de familie hem zag?

7. Wat deed de familie toen ze terugkwamen in hun kamer?

8. Wanneer ging de familie het kasteel weer verkennen?

9. Wat was het ding waar de familie hun vinger niet op konden leggen?

10. Wat deed de familie voordat ze weer op verkenning gingen in het kasteel?

Моята градина

Градината ми е моето щастливо място. Излизам там всеки ден, независимо дали вали или грее, и прекарвам време в грижи за растенията си. Имам по малко от **всичко - зеленчуци,** плодове, цветя, билки. Имам дори няколко пилета, които ми помагат да държа настрана вредителите. Започвам дните си в градината, като събирам яйца от кокошките. След това проверявам зеленчуците си, за да се уверя, че получават достатъчно вода и слънце. Почиствам лехите от плевели и отстранявам всички буболечки, които могат да **нападнат** растенията. След като се погрижа за **всичко,** сядам и се наслаждавам на тишината и спокойствието на природата.

Винаги съм обичала да прекарвам време в градината си. Има нещо в това да си заобиколен от природата и цялата **красота, която** тя предлага. Намирам я за много спокойно и успокояващо място. Често прекарвам времето си в градината, като просто си почивам и се наслаждавам на пейзажа. Също така обичам да работя в градината си и да отглеждам различни неща. Имам доста голяма градина и обичам да отглеждам **различни** неща в нея. Отглеждам цветя, **зеленчуци** и билки. Имам и няколко плодни дръвчета, които раждат

Mijn tuin

Mijn tuin is mijn geluksplek. Ik ga er elke dag heen, regen of zonneschijn, en besteed tijd aan het verzorgen van mijn planten. Ik heb een beetje van **alles:** **groenten**, fruit, bloemen, kruiden. Ik heb zelfs een paar kippen die helpen het ongedierte op afstand te houden. Ik begin mijn dagen in de tuin met het rapen van eieren bij de kippen. Dan controleer ik mijn groenten en zorg ervoor dat ze genoeg water en zon krijgen. Ik wied de bedden en verwijder insecten die de planten kunnen **aanvallen**. Als **alles** is gedaan, leun ik achterover en geniet van de rust en stilte van de natuur.

Ik heb altijd graag tijd doorgebracht in mijn tuin. Er is iets met het omringd zijn door de natuur en al het **moois** dat zij te bieden heeft. Ik vind het een heel vredige en kalmerende plek. Ik breng vaak tijd door in mijn tuin, gewoon om te ontspannen en te genieten van het landschap. Ik geniet er ook van om in mijn tuin te werken en dingen te kweken. Ik heb een behoorlijk grote tuin, en ik kweek er graag **verschillende** dingen in. Ik kweek bloemen, **groenten** en kruiden. Ik heb ook een paar fruitbomen die heerlijke appels, peren en pruimen voortbrengen. Naast het kweken van dingen, vind ik het ook leuk om gewoon in mijn tuin rond te lopen en de verschillende planten en dieren te

вкусни ябълки, круши и сливи. Освен че отглеждам различни неща, обичам да прекарвам времето си в разходки из градината и да **се любувам на** различните растения и животни, които я обитават. През годините съм прекарал много часове в работа по превръщането на **градината** ми в място, което е не само красиво, но и функционално. Обичам да наблюдавам птиците и да слушам тяхното пеене. Понякога дори изваждам книга и чета в градината, докато съм заобиколена от цялата красота, която съм създала. **Градинарството** е моята страст и ми носи толкова много радост. Всеки ден в моята градина е хубав ден.

Едно от нещата, които обичам да правя, е да готвя, така че за мен е много **важно да** имам добре поддържана градина с билки. Мащерката, босилекът, риганът, розмаринът, градинският чай и лавандулата са само някои от билките, които обичам да отглеждам в градината си, за да мога да ги използвам, когато приготвям ястия за себе си или за **гости**. Друго нещо, което е важно за мен, когато става въпрос за моята градина, е да се уверя, че в нея има много цветове. За да постигна тази цел, отглеждам голямо разнообразие от цветя, включително **рози**, лилии, маргаритки, лалета, импатиенс, невен и др.

bewonderen die er wonen. Ik heb in de loop der jaren vele uren besteed om van mijn **tuin** een plek te maken die niet alleen mooi is, maar ook functioneel. Ik kijk graag naar de vogels die rondfladderen en luister naar hun gezang. Soms haal ik zelfs een boek tevoorschijn en lees in de tuin terwijl ik omringd ben door al het moois dat ik heb gecreëerd. **Tuinieren** is mijn passie en het brengt me zoveel vreugde. Elke dag in mijn tuin is een goede dag.

Een van de dingen die ik graag doe is koken, dus een goed gevulde kruidentuin is erg **belangrijk** voor me. Tijm, basilicum, oregano, rozemarijn, salie en lavendel zijn slechts enkele van de kruiden die ik graag in mijn tuin kweek, zodat ik ze kan gebruiken bij het bereiden van maaltijden voor mezelf of voor **gasten**. Wat ik ook belangrijk vind in mijn tuin is dat er veel kleur in zit. Om dit doel te bereiken, kweek ik een grote verscheidenheid aan bloemen, waaronder **rozen**, lelies, madeliefjes, tulpen, impatiens, goudsbloemen, enz.

Въпроси за разбиране

1. Къде се намира градината на автора?

2. Колко кокошки има авторът?

3. Какво прави авторът в градината всеки ден?

4. Защо авторът харесва градината?

5. Какви билки засажда авторът в градината?

6. Защо за автора е важно, че в градината му има много цветове?

7. Как авторът разнообразява своята градина?

8. Как се чувства авторът, когато работи в градината си?

9. Какво кара автора да се чувства свързан, когато е в градината си?

10. защо всеки ден в градината на автора е добър ден?

Begrip vragen

1. Waar is de tuin van de auteur?

2. Hoeveel kippen heeft de schrijver?

3. Wat doet de schrijver elke dag in de tuin?

4. Waarom houdt de auteur van de tuin?

5. Welke kruiden plant de auteur in de tuin?

6. Waarom is het belangrijk voor de auteur dat er veel kleuren in zijn tuin zijn?

7. Hoe brengt de auteur afwisseling in zijn tuin?

8. Hoe voelt de schrijver zich als hij in zijn tuin werkt?

9. Waardoor voelt de auteur zich verbonden als hij in zijn tuin is?

10. Waarom is elke dag in de tuin van de auteur een goede dag?

Пазаруване

Обичам да **пазарувам** в мола. Винаги е толкова забавно да се разхождаш и да разглеждаш различните магазини. В мола има за всекиго по нещо и винаги е чудесно място за намиране на изгодни оферти за дрехи, обувки и аксесоари. **Обикновено** започвам пазаруването си, като минавам през главния **вход на** търговския център. Оттам се насочвам първо към любимите си магазини. След като разгледам тези магазини, се разхождам наоколо и проверявам дали на други места има разпродажби. Обикновено прекарвам няколко часа в търговския център, преди най-накрая да направя покупките си. Винаги обичам да не бързам, когато пазарувам, **защото** искам да съм сигурна, че ще взема **точно** това, което искам. Освен това така е по-забавно!

Винаги намирам за **много интересно** да наблюдавам хората, докато съм в мола. По начина, по който пазаруват, наистина можеш да разбереш много за един човек. Някои хора са много методични и не бързат, докато други сякаш грабват **каквото** могат и се отправят към касата възможно най-бързо. Има и такива купувачи, които сякаш са по-заинтересовани да говорят по мобилните си

Gaan winkelen

Ik hou ervan om te gaan **winkelen** in het
winkelcentrum. Het is altijd zo leuk om rond te lopen
en naar alle verschillende winkels te kijken. Er is
voor elk wat wils in het winkelcentrum, en het is altijd
een geweldige plek om deals te vinden voor kleren,
schoenen en accessoires. Ik begin mijn shoppingtrip
meestal met een wandeling door de **hoofdingang** van
het winkelcentrum. Van daaruit ga ik eerst naar mijn
favoriete winkels. Na het bekijken van die winkels,
loop ik rond en kijk of er een verkoop gaande is op
andere plaatsen. Meestal ben ik wel een paar uur in het
winkelcentrum voordat ik eindelijk mijn aankopen doe.
Ik neem altijd graag mijn tijd als ik ga winkelen, **want** ik
wil zeker weten dat ik **precies** krijg wat ik wil. Plus, het
is gewoon leuker op die manier!

Ik vind het altijd zo **fascinerend** om mensen te kijken
als ik in het winkelcentrum ben. Je kunt echt veel
over een persoon vertellen door de manier waarop ze
winkelen. Sommige mensen zijn heel methodisch en
nemen hun tijd, terwijl anderen gewoon lijken te grijpen
wat ze kunnen en zo snel mogelijk naar de kassa gaan.
Er zijn ook shoppers die meer geïnteresseerd lijken
te zijn in het praten op hun mobieltje of in sms'en dan
in het bekijken van de koopwaar! Het maakt echter

телефони или да пишат съобщения, отколкото да разглеждат стоките! Независимо от това какъв тип купувач сте, изглежда, че всеки обича да пазарува от витрината - дори и да не си купи нищо. Просто има нещо, което ме прави щастлива, когато гледам всички красиви неща по **витрините на** магазините. Понякога си фантазирам какво би било, ако можех да си позволя **всичко, което** виждам! Като цяло, да прекарам един ден в пазаруване в мола е едно от любимите ми занимания. Това е чудесен начин да се отпуснеш и да релаксираш, като същевременно правиш и малко упражнения (ако се разхождаш достатъчно). Освен това **винаги е** хубаво да се поглезиш с нова риза или чифт обувки от време на време!

Имах **дълъг работен** ден и най-накрая имах малко време за себе си, затова реших да отида да пазарувам в търговския център. Трябваха ми нови дрехи за **предстоящия** сезон. Още щом влязох, видях всички ярки светлини и лъскави витрини. Първо се насочих към любимия си магазин и започнах да разглеждам рафтовете. Намерих няколко сладки топа и ги пробвах в съблекалнята. Докато се оглеждах в огледалото, чух, че някой влиза в съседната съблекалня. Разпознах гласа му като на един от колегите ми. Поздравихме се и започнахме да си говорим за работа.

niet uit wat voor soort shopper je bent, iedereen lijkt te genieten van window shopping - zelfs als je niet echt iets koopt. Er is gewoon iets aan het kijken naar al die mooie dingen in de **etalages** dat me gelukkig maakt. Soms fantaseer ik over hoe het zou zijn als ik me **alles** kon veroorloven wat ik zie! Al met al is een dagje winkelen in het winkelcentrum een van mijn favoriete bezigheden. Het is een geweldige manier om te ontspannen en tot rust te komen, terwijl je ook een beetje beweging krijgt (als je maar genoeg rondloopt). Bovendien is het **altijd** leuk om jezelf af en toe te trakteren op een nieuw shirt of een paar schoenen!

Ik had een **lange** dag op het werk en had eindelijk wat tijd voor mezelf, dus besloot ik te gaan winkelen in het winkelcentrum. Ik had wat nieuwe kleren nodig voor het **komende** seizoen. Zodra ik binnenkwam, zag ik al die felle lichten en glimmende etalages. Ik ging eerst naar mijn favoriete winkel en begon door de rekken te snuffelen. Ik vond een paar leuke topjes en paste ze in de kleedkamer. Terwijl ik mezelf in de spiegel bekeek, hoorde ik iemand de kleedkamer naast de mijne binnenkomen. Ik herkende zijn stem als een van mijn collega's. We zeiden hallo en begonnen te kletsen over het werk.

Въпроси за разбиране

1. Къде най-много обичате да съхранявате?

2. Кой е любимият ви магазин в търговския център?

3. Колко време обикновено оставате в търговския център?

4. Какво мислите за хората, които прекарват много време в мола?

5. кое е любимото ви занимание в търговския център?

6. Случвало ли ви се е да си купите нещо в мола, когато не ви е било нужно?

7. Как реагирате, когато видите нещо в мола, което много бихте искали, но е твърде скъпо?

8. Случвало ли ви се е да видите нещо в търговския център и да се чудите кой би го купил?

9. Какво е мнението ви за хората, които са заети с мобилните си телефони в мола, вместо да разглеждат магазините?

Begrip vragen

1. Waar sla je het liefst op?

2. Wat is je favoriete winkel in het winkelcentrum?

3. Hoe lang blijft u meestal in het winkelcentrum?

4. Wat vind je van mensen die veel tijd in het winkelcentrum doorbrengen?

5. Wat is uw favoriete bezigheid in het winkelcentrum?

6. Heb je ooit iets gekocht in het winkelcentrum terwijl je het niet echt nodig had?

7. Hoe reageert u als u in het winkelcentrum iets ziet dat u heel graag zou willen hebben, maar dat te duur is?

8. Heb je ooit iets in het winkelcentrum gezien en je afgevraagd wie het zou kopen?

9. Wat vindt u van mensen die in het winkelcentrum met hun mobieltje bezig zijn in plaats van naar de winkels te kijken?

На пазара

Събуждам се рано в събота сутрин, за да стигна до **пазара,** преди да е станало прекалено много хора. Обличам се и излизам от вратата, като по пътя взимам торбичките си за многократна употреба. Докато вървя, започвам да планирам какво искам да приготвя за следващата седмица. Знам, че искам да **запека** зеленчуци поне веднъж, така че ще трябва да купя някои качествени зеленчуци. Искам също така да направя супа или яхния, така че ще трябва да купя и малко месо. Ще трябва да видя какво изглежда добре, когато стигна там. Пазарът е само на няколко пресечки оттук и вече мога да видя разположените сергии и **хората, които** се суетят наоколо.

Пристигам на пазара и се насочвам направо към щанда за зеленчуци. Изборът е прекрасен и аз пълня торбите си с разнообразни **пресни** продукти. Разговарям малко с фермера и той ми препоръчва няколко рецепти. Вълнувам се да ги изпробвам. Разговарям с **фермерите,** докато пазарувам, за да се запозная с тях и техните продукти. След като се сдобивам с всички необходими зеленчуци, преминавам към раздела с месо. Тук съм малко по-колеблива, тъй като не съм сигурна какво искам да

Op de markt

Ik sta op zaterdagochtend vroeg op, popelend om naar de **markt te gaan** voordat het te druk wordt. Ik trek wat kleren aan en ga de deur uit, terwijl ik onderweg mijn herbruikbare tassen pak. Terwijl ik loop, begin ik te plannen wat ik de komende week wil maken. Ik weet dat ik minstens één keer groenten wil **roosteren**, dus ik moet wat groenten van goede kwaliteit kopen. Ik wil ook een soep of stoofpot maken, dus ik moet ook wat vlees kopen. Ik zal moeten kijken wat er goed uitziet als ik daar ben. De markt is maar een paar straten verderop, en ik zie de kraampjes al staan en de **mensen al rondlopen**.

Ik kom aan op de markt en ga meteen naar de groentekraam. Het aanbod is prachtig en ik vul mijn tassen met een verscheidenheid aan **verse** producten. Ik maak een praatje met de boer en hij raadt me een paar recepten aan. Ik ben enthousiast om ze uit te proberen. Ik maak een praatje met de **boeren** terwijl ik aan het winkelen ben en leer hen en hun producten kennen. Als ik alle groenten heb die ik nodig heb, ga ik naar de vleesafdeling. Ik aarzel een beetje, omdat ik niet zeker weet wat ik wil hebben. Uiteindelijk kies ik voor kip, omdat dat veelzijdig is en in allerlei gerechten kan worden gebruikt. Ik koop

взема. В крайна сметка се спирам на пилешкото, защото то е универсално и може да се използва в различни ястия. Купувам също така няколко различни разфасовки месо, като се уверявам, че имам говеждо месо, хранено с трева, и **пилешко месо,** отглеждано на свободни места. Месарят беше приятелски настроен човек, винаги весел въпреки дългите часове работа. Той опакова пилешките ми гърди и пържолата, преди да ми разкаже за плановете си за уикенда. Сбогувах се с него и продължих по пътя си. Взех и няколко яйца и сирене от раздела за млечни продукти.

Пазарът гъмжеше от хора, които нямаха търпение да се сдобият с предлаганите пресни продукти и месо. Въздухът беше наситен с миризма на чесън и лук, а в него се чуваха смехове и разговори. Проправих си път през тълпата, избирайки останалите продукти, които ми трябваха за седмичното пазаруване. Напълних **кошницата** си с плодове и зеленчуци, макаронени изделия и хляб, преди да се отправя към касата. Опашката беше дълга, но се движеше бързо. Най-накрая последните **хранителни продукти** бяха купени и беше време да се прибера у дома. Колата беше натоварена, а пътуването до дома беше дълго и уморително. Трафикът беше натоварен, а жегата - потискаща. Накрая колата спря на алеята и облекчението беше осезаемо.

ook een paar verschillende stukken vlees, en zorg ervoor dat ik grasgevoerd rundvlees en **scharrelkip koop**. De slager was een vriendelijke man, altijd vrolijk ondanks de lange uren die hij werkte. Hij pakte mijn kippenborst en biefstuk in voordat hij met me praatte over zijn weekendplannen. Ik nam afscheid van hem en vervolgde mijn weg. Ik heb ook nog wat eieren en kaas meegenomen uit de zuivelafdeling.

Het krioelde van de mensen op de markt, die allemaal stonden te popelen om de verse producten en het vlees dat werd aangeboden in **handen te** krijgen. De lucht hing vol met de geur van knoflook en uien, en het geluid van gelach en gesprekken vulde de lucht. Ik baande me een weg door de menigte en zocht de andere dingen uit die ik nodig had voor mijn wekelijkse boodschappen. Ik vulde mijn **mandje** met fruit en groenten, pasta en brood, voordat ik naar de kassa ging. De rij was lang, maar het ging snel. Eindelijk waren de laatste **boodschappen** gedaan, en was het tijd om naar huis te gaan. De auto werd volgeladen, en de rit naar huis was lang en moeizaam. Het verkeer was druk en de hitte was drukkend. Eindelijk reed de auto de oprit op en de opluchting was voelbaar.

Въпроси за разбиране

1. Къде отива човекът?

2. Какво иска да купи човекът?

3. Колко чанти има човекът?

4. На какво разстояние се намира пазарът?

5. Какво прави човекът в момента?

6. Какво е всичко на пазара?

7. Колко души има на пазара?

8. Колко време е отнело на човека да купи всичко?

9. Как човекът се е прибрал у дома?

10. Какво направи човекът, когато се прибра у дома?

Begrip vragen

1. Waar gaat de persoon heen?

2. Wat wil de persoon kopen?

3. Hoeveel tassen heeft de persoon?

4. Hoe ver weg is de markt?

5. Wat doet de persoon op dit moment?

6. Wat is alles op de markt?

7. Hoeveel mensen zijn er op de markt?

8. Hoe lang heeft de persoon erover gedaan om alles te kopen?

9. Hoe is de persoon naar huis gegaan?

10. Wat deed de persoon toen hij of zij thuiskwam?

В кафене

Беше хладна **есенна** сутрин и се бях уговорила да се срещна с моята приятелка Лили в любимото ни кафене на по кафе. Увих се топло в палтото и шала си и тръгнах. Листата падаха от дърветата и въздухът беше напечен, но слънцето грееше и обещаваше да бъде прекрасен ден. Докато вървях, **си мислех** колко е хубаво да имаш приятелка като Лили. Бяхме приятелки от години, откакто се запознахме в **университета**. Свързваше ни любовта към кафето и прекарването на времето в разговори в кафенетата. Въпреки че сега живеехме в различни части на града, все още успявахме да се срещаме на кафе веднъж седмично. Пристигнах в кафенето, а Лили вече беше там и ме чакаше. Прегърнахме се за поздрав и си поръчахме кафета. Намерихме маса до прозореца и се настанихме да си говорим. **Кафето** беше вкусно, както винаги, и беше толкова приятно да си поприказваме с Лили. Говорихме за седмицата, за работата си и за плановете ни за бъдещето. Винаги ми беше толкова лесно да говоря с Лили и имах чувството, че мога да й кажа всичко. След известно време започнахме да огладняваме и **решихме** да си поръчаме храна.

Поръчахме си храна и си намерихме място до

In een café

Het was een kille **herfstochtend** en ik had met mijn vriendin Lily afgesproken in ons favoriete café voor een kopje koffie. Ik wikkelde me warm in mijn jas en sjaal en ging op weg. De bladeren vielen van de bomen en de lucht was een beetje fris, maar de zon scheen en het beloofde een mooie dag te worden. Terwijl ik liep, **dacht** ik aan hoe goed het was om een vriendin als Lily te hebben. We waren al jaren vriendinnen, sinds we elkaar op de **universiteit** ontmoetten. We kregen een band door onze voorliefde voor koffie en het kletsen in cafés. Ook al woonden we nu in verschillende delen van de stad, we kwamen nog steeds één keer per week samen om koffie te drinken. Ik kwam aan bij het café, en Lily zat daar al op me te wachten. We omhelsden elkaar en bestelden onze koffie. We vonden een tafeltje bij het raam en gingen zitten kletsen. De **koffie** was heerlijk, zoals altijd, en het was zo leuk om bij te praten met Lily. We spraken over onze week, onze banen, en onze plannen voor de toekomst. Het was altijd zo makkelijk om met Lily te praten, en ik had het gevoel dat ik haar alles kon vertellen. Na een tijdje begonnen we honger te krijgen en **besloten we** wat eten te bestellen.

We **bestelden** ons eten en zochten een plaatsje bij het raam. De zon scheen door het raam naar binnen,

прозореца. Слънцето грееше през прозореца и караше всичко да се чувства топло и щастливо. Разговаряхме, докато ядяхме, наслаждавайки се на простото удоволствие да сме в **компанията си**. Кафенето беше оживено, но не се чувстваше претъпкано. Във въздуха се усещаше спокойствие и задоволство. Когато приключихме с храната, седяхме още известно време и се наслаждавахме на спокойната **атмосфера**. Известно време разговаряхме за различни неща, които се случваха в живота ни. Беше толкова приятно да наваксам с приятелката си и просто да **се отпусна**. Слънцето грееше през прозореца и имах чувството, че **нищо не може** да развали перфектния ни ден.

Изведнъж чух силен трясък. Обърнах се и видях, че един човек е паднал през тавана и лежи на пода пред нас. Беше **покрит с** прах и отломки и изглеждаше в безсъзнание. И двамата с приятеля ми бяхме в шок, докато гледахме мъжа, лежащ на пода. Не знаехме какво да правим и на кого да се обадим за помощ. Просто седяхме там и го гледахме, без да знаем какво да правим. След няколко минути се съвзех и се обадих на 911. Операторът ми каза, че скоро някой ще дойде. Свърших телефона и казах на приятеля си какво е казал **операторът**. И двамата просто седяхме и чакахме да пристигне помощ. Струваше ми се, че е цяла вечност, но накрая **се появи** линейка.

waardoor alles warm en gelukkig aanvoelde. We babbelden terwijl we ons eten aten, en genoten van het simpele plezier om in elkaars **gezelschap** te zijn. Het was druk in het café, maar het voelde niet druk aan. Er hing een gevoel van vrede en tevredenheid in de lucht. Toen we ons eten op hadden, bleven we nog een tijdje zitten, genietend van de vredige **sfeer**. We praatten een tijdje over verschillende dingen die in ons leven waren gebeurd. Het was zo fijn om bij te praten met mijn vriend en gewoon **te ontspannen**. De zon scheen door het raam, en het voelde alsof **niets** onze perfecte dag kon verpesten.

Plotseling hoorde ik een harde klap. Ik draaide me om en zag dat een man door het plafond was gevallen en voor ons op de grond lag. Hij was **bedekt** met stof en puin en leek bewusteloos te zijn. Mijn vriend en ik waren allebei in shock toen we naar de man staarden die op de grond lag. We wisten niet wat we moesten doen of wie we moesten bellen voor hulp. We zaten daar gewoon naar hem te staren, niet wetend wat te doen. Na een paar minuten kwam ik bij en belde 911. De telefoniste zei me dat er zo iemand zou komen. Ik hing de telefoon op en vertelde mijn vriend wat de **telefoniste** had gezegd. We zaten daar allebei te wachten tot er hulp kwam. Het leek wel een eeuwigheid, maar uiteindelijk **kwam** er een ambulance.

Въпроси за разбиране

1. Откъде идва човекът, който пада през покрива?

2. Защо жената е с приятелката си в кафенето?

3. Кое е любимото кафене на двамата приятели?

4. Откога се познават двамата приятели?

5. Коя е любимата напитка на двамата приятели?

6. В кой град живеят двамата приятели?

7. Колко често се срещат двамата приятели?

8. За какво си говорят двамата приятели, когато се срещат за първи път в любимото си кафене?

9. Коя е любимата храна на двамата приятели?

10. Защо е толкова лесно да се говори с Лили?

Begrip vragen

1. Waar komt de man vandaan die door het dak valt?

2. Waarom is de vrouw met haar vriendin in het café?

3. Wat is het favoriete café van de twee vrienden?

4. Hoe lang kennen de twee vrienden elkaar al?

5. Wat is het favoriete drankje van de twee vrienden?

6. In welke stad wonen de twee vrienden?

7. Hoe vaak ontmoeten de twee vrienden elkaar?

8. Waar hebben de twee vrienden het over als ze elkaar voor het eerst ontmoeten in hun favoriete café?

9. Wat is het lievelingseten van de twee vrienden?

10. Waarom is het zo makkelijk om met Lily te praten?

Плуване

Басейнът винаги е бил **освежаващо** място и днес не беше по-различно. Слънцето грееше и водата изглеждаше привлекателна. Поех си дълбоко въздух и се гмурнах, усещайки хладната прегръдка на водата. Известно време плувах в кръг, наслаждавайки се на упражненията и възможността да прочистя главата си. След известно време излязох и се подсуших, после седнах на една кърпа, за да се отпусна на слънце. Затворих очи и оставих **топлината** да ме облее, усещайки как мускулите ми започват да се отпускат. Изведнъж чух плясък и отворих очи, за да видя малката ми сестра **да гребе в** плитката част. Усмихнах се и я гледах известно време, после станах и отидох при нея. Поговорихме си малко и гребахме заедно, наслаждавайки се на компанията си. Скоро към нас се присъединиха и родителите ни и прекарахме остатъка от следобеда в плуване и игри заедно. Винаги е било толкова приятно да прекараш време със семейството си на басейна. Има **нещо** във водата, което сякаш сплотява хората. Може би защото всички сме равни, когато сме във водата - не можем да крием недостатъците си или да се преструваме на нещо, което не сме. А може би е просто защото е забавно! **Каквато и да е** причината, аз просто се радвах, че

Gaan zwemmen

Het zwembad was altijd een **verfrissende** plek om te zijn, en vandaag was dat niet anders. De zon scheen en het water zag er uitnodigend uit. Ik haalde diep adem en dook erin, de koele omhelzing van het water voelend. Ik zwom een tijdje baantjes, genoot van de beweging en de kans om mijn hoofd leeg te maken. Na een tijdje kwam ik eruit en droogde me af, waarna ik op een handdoek ging zitten om te relaxen in de zon. Ik sloot mijn ogen en liet de **warmte** over me heen spoelen, ik voelde mijn spieren ontspannen. Plotseling hoorde ik een plons en ik opende mijn ogen om mijn kleine zusje te zien **poedelen** in het ondiepe gedeelte. Ik glimlachte en keek een tijdje naar haar, stond toen op en liep naar haar toe. We kletsten wat en peddelden samen wat rond, genietend van elkaars gezelschap. Al snel kwamen onze ouders erbij, en we brachten de rest van de middag zwemmend en spelend door. Het was altijd zo leuk om tijd met de familie in het zwembad door te brengen. Er is **iets** met in het water zijn dat mensen samenbrengt. Misschien is het omdat we allemaal gelijk zijn als we in het water zijn - we kunnen onze gebreken niet verbergen of doen alsof we iets zijn wat we niet zijn. Of misschien is het gewoon omdat het leuk is! **Wat** de reden ook is, ik was gewoon blij dat we allemaal bij elkaar konden komen en van elkaars gezelschap

всички можем да се съберем и да се насладим на компанията си на такова специално място.

Слънцето напичаше кожата ми, а във въздуха се носеше миризма на хлор. Чувах звуците на деца, които се смееха и се плискаха в басейна. Лежах на шезлонг до басейна, попивах слънчевите лъчи и **се наслаждавах на** деня. Бях затворила очи и тъкмо се канех да се унеса в сън, когато чух, че някой върви към мен. Отворих очи и видях една жена, която стоеше до мен. Беше облечена в бикини и с хавлиена кърпа, увита около талията й. Имаше дълга руса коса и сини очи. В ръката си държеше шишенце със **слънцезащитен крем.** "Имаш ли нещо против да намажа гърба ти със слънцезащитен крем?" - попита тя. "Не, няма проблем", казах аз и седнах, за да може тя да достигне гърба ми. Усетих ръцете й върху кожата си, докато нанасяше слънцезащитния крем.

Докосването й беше нежно, а ароматът на слънцезащитния крем - успокояващ. Отново затворих очи и се оставих да се отпусна. Чувах **звука от** движението й, но не отварях очи. Бях доволен, че просто лежах на слънце и слушах шума на вълните, които **се разбиваха в** брега. След няколко минути тя се отдалечи и аз отворих очи. Гледах я как се връща към шезлонга си и взема книгата си.

konden genieten op zo'n speciale plek.

De zon scheen op mijn huid en de geur van chloor hing in de lucht. Ik kon de geluiden horen van lachende kinderen die in het zwembad spetterden. Ik lag op een ligstoel naast het zwembad, te genieten van de zon en **de** dag. Ik had mijn ogen gesloten en wilde net in slaap vallen toen ik iemand naar me toe hoorde lopen. Ik opende mijn ogen en zag een vrouw naast me staan. Ze droeg een bikini en had een handdoek om haar middel gewikkeld. Ze had lang blond haar en blauwe ogen. Ze hield een fles **zonnebrandcrème** in haar hand. "Vind je het erg als ik wat zonnebrandcrème op je rug smeer?" vroeg ze. "Nee, dat hoeft niet," zei ik, terwijl ik rechtop ging zitten zodat ze bij mijn rug kon. Ik voelde haar handen op mijn huid terwijl ze de zonnebrandcrème aanbracht.

Haar aanraking was zacht en de geur van de zonnebrandcrème was kalmerend. Ik sloot mijn ogen weer en liet me ontspannen. Ik kon het **geluid** van haar bewegingen horen, maar ik opende mijn ogen niet. Ik was tevreden met het feit dat ik daar in de zon lag, luisterend naar het geluid van de golven **die** tegen de kust sloegen. Na een paar minuten liep ze weg, en ik opende mijn ogen. Ik keek naar haar terwijl ze terugliep naar haar ligstoel en haar boek oppakte.

Въпроси за разбиране

1. Къде е бил разказвачът, когато започва разказа?

2. Какво усеща разказвачът, когато отваря очи?

3. Какво чува разказвачът, когато отваря очи?

4. Чий слънцезащитен крем дава жената на разказвача?

5. За какво мечтае разказвачът?

6. Защо плуването в морето е толкова специално за разказвача?

7.Какво е усещането за водата, в която плува разказвачът?

8. Какво вижда разказвачът, когато излиза от водата?

9. Какво прави жената, след като слага слънцезащитния крем на разказвача?

10. За какво си говорят разказвачът и жената в края на разказа?

Begrip vragen

1. Waar was de verteller toen hij het verhaal begon?

2. Wat ruikt de verteller als hij zijn ogen opent?

3. Wat hoort de verteller als hij zijn ogen opent?

4. Van wie is de zonnebrandcrème die de vrouw aan de verteller geeft?

5. Waar droomt de verteller over?

6. Waarom is zwemmen in de zee zo speciaal voor de verteller?

7. Hoe voelt het water aan waarin de verteller zwemt?

8. Wat ziet de verteller als hij uit het water komt?

9. Wat doet de vrouw nadat ze de verteller heeft ingesmeerd met zonnebrandcrème?

10. Waarover praten de verteller en de vrouw aan het eind van het verhaal?

Косене на тревата

Лятна **събота е** в 10 часа сутринта и слънцето вече пече безмилостно. Тръгвате към гаража, за да вземете косачката, и се чувствате като **осъдени на** тежък труд. Започвате да косите тревата, като внимавате да вървите бавно и спокойно, за да не пропуснете някое място. Докато косите, си мислите колко хубаво е да си навън, на чист въздух. Когато започвате да бутате косачката напред-назад по тревата, виждате с ъгъла на **окото си** съседа си. Махате му и го поздравявате, а той ви отвръща с махане.

След няколко минути приключвате и отивате при съседа си, за да изпиете по бира в градината пред дома му. Денят е **идеален -** не е прекалено горещо, духа лек ветрец. Седите на сянката на дървото, отпивате от бирата и разговаряте със съседа си. Дни като този ви карат да цените лятото. След това **се отправяте към** вътрешността за заслужена бира. Облягате се на един стол на верандата и отваряте кутията, като въздишате доволно. Звукът на косачката остава на заден план, докато вие се отпускате на сянка и се наслаждавате на **спокойствието на** момента. Бирата е изключително

Het maaien van het gazon

Het is 10 uur 's ochtends op een zomerse **zaterdag**, en de zon schijnt al ongenadig. Je sjokt naar de garage om de grasmaaier te halen, met het gevoel dat je **veroordeeld bent** tot dwangarbeid. Je begint het gazon te maaien, en zorgt ervoor dat je het rustig aan doet, zodat je niets over het hoofd ziet. Terwijl je aan het maaien bent, denk je aan hoe goed het voelt om buiten in de frisse lucht te zijn. Terwijl u de maaier heen en weer over het gazon duwt, ziet u uw buurman vanuit uw **ooghoek**. Je zwaait en zegt hallo, en hij zwaait terug.

Na een paar minuten ben je klaar, en je gaat naar het huis van je buurman om met hem een biertje te drinken in de voortuin. Het is een **perfecte** dag - niet te warm, met een zacht briesje. Je zit daar in de schaduw van de boom, nipt van je biertje en kletst wat met je buurman. Het zijn dagen als deze die je de zomer doen waarderen. Dan **ga** je naar binnen voor een welverdiend biertje. Je ploft neer in een stoel op de veranda, trekt het blikje open en slaakt een tevreden zucht. Het geluid van de maaier verdwijnt naar de achtergrond terwijl je in de schaduw ontspant en geniet van de **rust** van het moment. Het bier smaakt extra goed na al dat harde werk in de hitte. Ik stond op het

вкусна след цялата тази тежка работа в жегата. Тъкмо се канех да вляза вътре, когато чух шум в съседната стая.

Сякаш някой плачеше. Спрях да кося и отидох до оградата, която разделяше дворовете ни. Надникнах и видях съседката ми, госпожа Джонсън, да плаче на люлката си на верандата. Извиках й, но тя не ме чу. Прескочих оградата и отидох при нея. "Госпожо Джонсън, добре ли сте?" Попитах. Тя ме погледна със сълзи в очите и поклати глава. "Не, не съм добре", каза тя. "Котката ми умря вчера." Бях шокирана. Не знаех какво да кажа. Просто стоях неловко, без да знам какво да правя. Накрая сложих ръка на **рамото** й и казах: "Много съжалявам, госпожо Джонсън. Ако мога да направя нещо, за да помогна, моля, кажете ми. " Тя поклати глава и каза: "Не, никой **нищо не може** да направи." След това стана и влезе в къщата си. Постоях там за момент, без да знам какво да правя. След това се върнах към косенето на тревата си. Докато приключвах, не можех да не си помисля за госпожа Джонсън и нейната котка.

punt om naar binnen te gaan toen ik een geluid hoorde bij de buren.

Het **klonk** alsof iemand huilde. Ik stopte met maaien en liep naar het hek dat onze tuinen scheidde. Ik keek om en zag mijn buurvrouw, mevrouw Johnson, huilen op haar schommelbank. Ik riep naar haar, maar ze hoorde me niet. Ik klom over het hek en liep naar haar toe. "Mevrouw Johnson, is alles goed met u?" vroeg ik. Ze keek met tranen in haar ogen naar me op en schudde haar hoofd. "Nee, het gaat niet goed met me," zei ze. "Mijn kat is gisteren gestorven." Ik was geschokt. Ik wist niet wat ik moest zeggen. Ik stond daar maar wat ongemakkelijk, niet wetend wat ik moest doen. Uiteindelijk legde ik mijn hand op haar **schouder** en zei: "Het spijt me zo, mevrouw Johnson. Als er iets is wat ik kan doen om te helpen, laat het me alsjeblieft weten. "Ze schudde haar hoofd en zei: Nee, er is **niets** dat iemand kan doen. Toen stond ze op en ging haar huis binnen. Ik stond daar een ogenblik, niet wetend wat te doen. Toen ging ik verder met het maaien van mijn gazon. Toen ik klaar was, moest ik denken aan mevrouw Johnson en haar kat.

Въпроси за разбиране

1. Колко е часът?

2. Къде коси човекът?

3. Как се чувства човекът?

4. Защо човекът трябва да коси бавно?

5. Какво е времето?

6. Какво прави човекът след косенето?

7. Какво чува човекът, преди да се прибере у дома?

8. Кой е с г-жа Джонсън?

9. Защо г-жа Джонсън плаче?

10. какво казва лицето на г-жа Джонсън?

Begrip vragen

1. Hoe laat is het?

2. Waar is de persoon aan het maaien?

3. Hoe voelt de persoon zich?

4. Waarom moet de persoon langzaam maaien?

5. Wat voor weer is het?

6. Wat doet de persoon na het maaien?

7. Wat hoort de persoon voordat hij naar huis gaat?

8. Wie is er bij Mrs Johnson?

9. Waarom huilt Mrs Johnson?

10. Wat zegt de persoon tegen Mrs. Johnson?

Подстригване

От седмици се канех да се подстрижа, но някак си все отлагах. Но тъй като **Коледа беше съвсем близо,** знаех, че не мога да отлагам повече. Не исках да се появявам на коледната вечеря на семейството си, изглеждайки като разхвърлян. Затова рано сутринта на Коледа се отправих към салона. Въпреки че беше рано, салонът вече беше зает с други хора, които си правеха прически за празника. Заех мястото си на опашката и зачаках реда си. Накрая дойде моят ред на стола. Стилистката, дружелюбна жена на име Джил, ме попита какво искам. "Само подстригване, нищо драстично", отговорих. Джил се зае с работата си, като подстригваше косата ми. Докато работеше, аз започнах да се отпускам. Чувствах се добре, че най-накрая се грижа за себе си. Напоследък бях толкова заета да се грижа за всички останали, че бях оставила собствените си нужди на заден план. Но **вече** не е така. Отсега нататък щях да отделям време за себе си.

Когато Джил приключи, се погледнах в огледалото и останах доволна от видяното. Косата ми изглеждаше спретната и полирана - идеална за празнични събирания. **Благодарих на** Джил и **си**

Naar de kapper

Ik wilde al weken naar de kapper, maar op de een of andere manier kon ik het steeds uitstellen. Maar met **Kerstmis voor de deur**, wist ik dat ik het niet langer kon uitstellen. Ik wilde niet op het kerstdiner van mijn familie verschijnen als een smerige puinhoop. Dus, vroeg op kerstochtend, ging ik naar de salon. Hoewel het nog vroeg was, was de salon al druk bezig met andere mensen **die** hun haar lieten doen voor de feestdagen. Ik nam plaats in de rij en wachtte op mijn beurt. Eindelijk was het mijn beurt in de stoel. De styliste, een vriendelijke vrouw die Jill heette, vroeg me wat ik wilde. "Gewoon een knipbeurt, niets te drastisch," antwoordde ik. Jill ging aan de slag en knipte mijn haar weg. Terwijl ze werkte, begon ik te ontspannen. Het voelde goed om eindelijk voor mezelf te zorgen. Ik had het de laatste tijd zo druk gehad met voor iedereen te zorgen, dat ik mijn eigen behoeften aan de kant had laten liggen. Maar **nu** niet **meer**. Van nu af aan, zou ik tijd voor mezelf maken.

Toen Jill klaar was, keek ik in de spiegel en was blij met wat ik zag. Mijn haar zag er netjes en gepolijst uit-perfect voor vakantie bijeenkomsten. Ik **bedankte** Jill en maakte een notitie om vaker terug te komen. Van nu af aan zal ik in de eerste plaats voor mezelf

записах да се връщам по-често. Отсега нататък ще се грижа преди всичко за себе си. Тя се зае с подстригването на косата ми. Помислих си колко съм благодарна, че най-накрая се заех да се подстрижа. Чувствах се добре да знам, че ще изглеждам прилично за коледната **вечеря**. Вече нямаше да се притеснявам, че семейството ми ще ми се подиграва за "мършавия" ми външен вид. След няколко минути фризьорката приключи с подстригването и ме изсуши набързо. Погледнах се в огледалото и останах доволна от видяното - изчистена прическа, която щеше да е идеална за коледната вечеря. Сега, когато подстригването ми беше приключило, можех да се съсредоточа върху това да се насладя на празника със семейството си. И бях още по-благодарна за това.

Чувствах се толкова **освободена** и ми хареса как изглеждаше новата ми прическа. След като платих за подстригването, се прибрах вкъщи и започнах да събирам багажа за пътуването си. **Нямах** търпение да покажа новата си визия на семейството и приятелите си. Знаех, че ще се изненадат, когато ме видят. В деня на полета пристигнах на летището с достатъчно свободно време. Преминах през проверката за сигурност без никакви проблеми и скоро бях на път. Щом пристигнах на местоназначението си, усетих вълнението във въздуха.

zorgen. Ze begon aan mijn haar te knippen. Ik dacht eraan hoe dankbaar ik was dat ik er eindelijk aan toe was gekomen om mijn haar te laten knippen. Het voelde goed om te weten dat ik er toonbaar uit zou zien voor **het kerstdiner**. Ik hoefde me geen zorgen meer te maken dat mijn familie me zou plagen over mijn "smerige" uiterlijk. Na een paar minuten was de styliste klaar met het knippen van mijn haar en föhnde ze me snel. Ik keek in de spiegel en was blij met wat ik zag: een strak geknipt kapsel dat perfect zou zijn voor het kerstdiner. Nu mijn kapsel achter de rug was, kon ik me concentreren op de feestdagen met mijn gezin. En daar was ik nog dankbaarder voor.

Het voelde zo **bevrijdend**, en ik hield van de manier waarop mijn nieuwe kapsel eruit zag. Nadat ik voor mijn kapsel had betaald, ging ik naar huis en begon ik in te pakken voor mijn reis. Ik **kon niet** wachten om mijn nieuwe look aan mijn familie en vrienden te tonen. Ik wist dat ze verrast zouden zijn als ze me zouden zien. Op de dag van mijn vlucht kwam ik ruim op tijd aan op de luchthaven. Ik ging zonder problemen door de beveiliging en al snel was ik op weg. Zodra ik op mijn bestemming aankwam, kon ik de opwinding in de lucht voelen.

Въпроси за разбиране

1. Какво трябва да направи главният герой преди Коледа?

2. Как се е чувствала героинята, когато се е грижила за себе си?

3. Кой подстригва косата на главния герой?

4. Защо семейството на главната героиня щеше да й се подиграва?

5. Как се чувства главната героиня, след като се подстригва?

6. Какво прави главната героиня, след като се подстригва?

7. Каква е реакцията на семейството на главната героиня на нейното подстригване?

8. Какво прави главният герой на Бъдни вечер?

9. Кое е направило преживяването на героя по-специално?

10. Какво би се случило, ако главният герой не се подстриже?

Begrip vragen

1. Wat moest de hoofdpersoon doen voor Kerstmis?

2. Hoe vond de hoofdpersoon het om voor zichzelf te zorgen?

3. Wie heeft het haar van de hoofdpersoon geknipt?

4. Waarom ging de familie van de hoofdpersoon haar plagen?

5. Hoe voelde de hoofdpersoon zich nadat ze naar de kapper was geweest?

6. Wat heeft de hoofdpersoon gedaan nadat ze naar de kapper is geweest?

7. Wat was de reactie van de familie van de hoofdpersoon op haar kapsel?

8. Wat deed de hoofdpersoon op kerstavond?

9. Wat maakte de ervaring van de hoofdpersoon specialer?

10. Wat zou er gebeuren als de hoofdpersoon niet naar de kapper zou gaan?

Паркът

Слънцето залязваше, а паркът беше пуст. Седях на пейката и чаках **приятеля** си. Бяхме планирали да се срещнем тук преди час, но тя винаги закъсняваше. Точно когато бях на път да се откажа и да се прибера вкъщи, я видях да тича към мен. "Толкова съжалявам", изпъшка тя, когато стигна до пейката. "Влакът ми **закъсня.**" "Всичко е наред", казах **прощално**. "Току-що пристигнах тук." Седнахме и си поговорихме известно време, като се запознахме с живота си от последната ни среща. Разговорът вървеше с **лекота и сякаш** изобщо не беше минало време от последната ни среща. Със залеза на слънцето се сбогувахме и поехме по различни пътища. Следващият път, когато се срещнахме, беше в друг парк. Тя отново закъсня, но аз нямах нищо против. Беше хубаво да имам човек, с когото да говоря и който ме **разбира.** Говорихме за мечтите и **стремежите** си, за нещата, които искахме да направим в живота си. Тя ми разказа за плановете си да пътува по света, а аз споделих мечтата си да стана писател. Когато слънцето залязваше в поредния ден, ние отново си казахме довиждане, като си обещахме този път да поддържаме връзка.

Het park

De zon ging onder, en het park was leeg. Ik zat op het bankje te wachten op mijn **vriendin**. We hadden hier al een uur geleden afgesproken, maar ze was altijd te laat. Net toen ik het wilde opgeven en naar huis wilde gaan, zag ik haar naar me toe rennen. "Het spijt me zo," hijgde ze toen ze de bank bereikte. "Mijn trein **had vertraging**." "Het is goed," zei ik **vergevingsgezind**. "Ik ben hier net zelf." We gingen zitten en praatten een poosje, praatten bij over elkaars leven sinds we elkaar voor het laatst zagen. Het gesprek verliep **vlot**, en het leek alsof er helemaal geen tijd was verstreken sinds we elkaar voor het laatst hadden gezien. Toen de zon onderging, namen we afscheid en gingen onze eigen weg. De volgende keer dat we elkaar zagen, was in een ander park. Weer was ze te laat, maar dat vond ik niet erg. Het was fijn om iemand te hebben om mee te praten die me **begreep**. We spraken over onze dromen en **aspiraties**, dingen die we wilden doen met ons leven. Zij vertelde me over haar plannen om de wereld rond te reizen, en ik deelde mijn droom om schrijfster te worden. Toen de zon weer onderging, namen we afscheid van elkaar en beloofden we elkaar dit keer te blijven zien.

Jaren gingen voorbij, en onze **vriendschap** bleef sterk,

Годините минаваха, а **приятелството** ни оставаше силно, въпреки че сега живеехме в различни части на страната. Поддържахме връзка чрез писма и случайни телефонни обаждания, като си разказвахме новини от живота си. Когато тя обяви, че ще се омъжва, не се **изненадах -** тя винаги е била **авантюристичен** тип. Но когато ме попита дали ще бъда нейна шаферка на сватбената й церемония, която се провежда на половината свят от мястото, където живеех... това изискваше известно убеждаване! В крайна сметка обаче не можех да позволя на най-добрата си приятелка да се омъжи, без да съм до нея, така че въпреки страховете си (и след дълги молби от нейна страна!) **се съгласих** да участвам в това, което се оказа **приключението на** живота ми.

Денят на **сватбата** най-накрая настъпи. Бях нервна, но и развълнувана, че ще бъда част от такъв важен момент в живота на моя приятел. Церемонията беше красива и тя изглеждаше щастлива, докато казваше клетвите си. **След това** отпразнувахме с голямо парти - изглеждаше, че всички, които познаваше, бяха дошли да празнуват с нея! Беше **вълшебен** ден, който никога няма да забравя, а приятелството ни само се засили след това приключение. Сега, години по-късно, продължаваме да поддържаме връзка.

ook al woonden we nu in verschillende delen van het land. We hielden contact door middel van brieven en af en toe telefoontjes, waarbij we nieuws over ons leven met elkaar deelden. Toen ze aankondigde dat ze ging trouwen, was ik niet **verbaasd** - ze was altijd al een **avontuurlijk** type geweest. Maar toen ze me vroeg of ik haar bruidsmeisje wilde zijn op haar huwelijksceremonie, dat halverwege de wereld zou plaatsvinden, van waar ik woonde... daar was wel wat overtuigingskracht voor nodig! Maar uiteindelijk kon ik mijn beste vriendin niet laten trouwen zonder mij aan haar zijde, dus ondanks mijn angsten (en na veel smeken van haar!) **stemde** ik ermee in om mee te gaan op wat het **avontuur** van mijn leven bleek te zijn.

De dag van de **bruiloft was** eindelijk aangebroken. Ik was nerveus, maar opgewonden om deel uit te maken van zo'n belangrijk moment in het leven van mijn vriendin. De ceremonie was prachtig, en ze zag er gelukkig uit toen ze haar geloften aflegde. **Daarna** vierden we het met een groot feest - het leek wel of iedereen die ze kende was gekomen om het met haar te vieren! Het was een **magische** dag die ik nooit zal vergeten, en onze vriendschap is na dat avontuur alleen maar sterker geworden. Nu, jaren later, houden we nog steeds contact.

Въпроси за разбиране

1. Къде се срещат авторката и нейният приятел за първи път?

2. Защо приятелят на автора е закъснял за срещата им?

3. За какво са си говорили приятелите, когато са се срещнали отново години по-късно?

4. Как се е чувствала авторката, когато е присъствала на сватбената церемония на приятелката си?

5. Опишете обстановката на сватбената церемония.

6. Как се е променило приятелството между двете жени с течение на времето?

7. Каква е мечтата на автора?

8. Къде планира да пътува приятелят на автора?

9. Защо авторката се колебае дали да присъства на сватбената церемония на приятелката си?

Begrip vragen

1. Waar hebben de auteur en haar vriendin elkaar voor het eerst ontmoet?

2. Waarom was de vriend van de auteur te laat op hun afspraak?

3. Waar hadden de vrienden het over toen ze elkaar jaren later weer ontmoetten?

4. Hoe vond de schrijfster het om de huwelijksceremonie van haar vriendin bij te wonen?

5. Beschrijf de omgeving van de huwelijksceremonie.

6. Hoe is de vriendschap tussen de twee vrouwen in de loop der tijd veranderd?

7. Wat is de droom van de auteur?

8. Waar is de vriend van de schrijver van plan heen te reizen?

9. Waarom aarzelde de schrijfster om de huwelijksceremonie van haar vriendin bij te wonen?

www.ingramcontent.com/pod-product-compliance
Lightning Source LLC
Chambersburg PA
CBHW072230150726
48002CB00005B/2027